服装高等教育"十二五"部委级规划教材

服装生产现场管理

（第2版）

姜旺生　杨　洋　编著

中国纺织出版社

内 容 提 要

本书从服装企业生产一线的角度出发，以标准与品质为核心，为企业提供了新的生产现场管理模式，对服装生产全过程的管理进行了详细解析，并附有使服装生产现场管理规范化、科学化的多种表格，具有较强的实操性。为了适应时代的要求，本版在原第一版基础上增加了计算机设计及制板、服装生产跟单等内容，力图使读者系统地掌握服装生产管理的相关知识和方法。

全书图文并茂，行文简洁明了，突出了生产一线的管理特点，不仅可供服装高等教育作为教材使用，也是一份广大服装企业的管理人员学习与应用的好资料。

图书在版编目（CIP）数据

服装生产现场管理 / 姜旺生，杨洋编著．—2版．—北京：中国纺织出版社，2011.11（2018.6重印）
服装高等教育"十二五"部委级规划教材
ISBN 978-7-5064-8002-4

Ⅰ．①服… Ⅱ．①姜… ②杨… Ⅲ．①服装工业—工业企业管理：生产管理—高等学校—教材 Ⅳ．①F407.886.2

中国版本图书馆CIP数据核字（2011）第225366号

策划编辑：刘晓娟　　责任编辑：韩雪飞　　责任校对：王花妮
责任设计：何 建　　责任印制：何 艳

中国纺织出版社出版发行
地址：北京市朝阳区百子湾东里A407号楼　邮政编码：100124
销售电话：010—67004422　传真：010—87155801
http://www.c-textilep.com
E-mail:faxing@c-textilep.com
中国纺织出版社天猫旗舰店
官方微博http://weibo.com/2119887771
北京玺诚印务有限公司印刷　各地新华书店经销
2007年1月第1版　2011年11月第2版
2018年6月第5次印刷
开本：787×1092　1/16　印张：11.5
字数：186千字　定价：32.00元（附赠网络教学资源）

凡购本书，如有缺页、倒页、脱页，由本社图书营销中心调换

出版者的话

《国家中长期教育改革和发展规划纲要》（简称《纲要》）中提出"要大力发展职业教育"。职业教育要"把提高质量作为重点。以服务为宗旨，以就业为导向，推进教育教学改革。实行工学结合、校企合作、顶岗实习的人才培养模式"。为全面贯彻落实《纲要》，中国纺织服装教育协会协同中国纺织出版社，认真组织制订"十二五"部委级教材规划，组织专家对各院校上报的"十二五"规划教材选题进行认真评选，力求使教材出版与教学改革和课程建设发展相适应，并对项目式教学模式的配套教材进行了探索，充分体现职业技能培养的特点。在教材的编写上重视实践和实训环节内容，使教材内容具有以下三个特点：

（1）围绕一个核心——育人目标。根据教育规律和课程设置特点，从培养学生学习兴趣和提高职业技能入手，教材内容围绕生产实际和教学需要展开，形式上力求突出重点，强调实践。

（2）突出一个环节——实践环节。教材出版突出高职教育和应用性的特点，注重理论与生产实践的结合，有针对性地设置内容，增加实践和实训，并通过项目设置，直观反映生产实践的最新成果。

（3）实现一个立体——开发立体化教材体系。充分利用现代教育技术手段，构建数字教育资源平台，开发教学课件、音像制品、素材库、试题库等多种立体化的配套教材，以直观的形式和丰富的表达充分展现教学内容。

教材出版是教育发展中的重要组成部分，为出版高质量的教材，出版社严格甄选作者，组织专家评审，并对出版全过程进行跟踪，及时了解教材编写进度、编写质量，力求做到作者权威、编辑专业、审读严格、精品出版。我们愿与院校一起，共同探讨、完善教材出版，不断推出精品教材，以适应我国职业教育的发展要求。

中国纺织出版社
教材出版中心

序

　　姜旺生先生不仅是我国服装界著名的专家、高级服装工程师，而且还是从事高等教育的教授，已在高校任教近30年。他曾在台商企业——"粉领贵族"服饰集团担任总工程师五年，现在海南大学三亚学院艺术分院任教，是一位兼有理论知识和实践经验的教师。

　　《服装生产现场管理》一书，是他在长期的服装生产一线工作和教学实践活动中，以严谨的创新态度，对服装生产管理进行的提炼和升华。

　　今年是"十二五"规划开局的一年，我国的经济发展正开始转型升级，同样，我国服装产业也在向"优质名牌"转型。曾以量多、廉价为优势的"中国制造"服装生产管理模式明显滞后。作者出于教师和服装人的双重责任，为我们奉献了《服装生产现场管理》（第2版），是服装高等教育与时俱进的前瞻性佳作。

　　作者把管理学、服装生产过程和教学规律等因素有机地结合，采用大量的图表，突出了生产现场管理的规范、科学、标准的核心地位，很好地实现了内容创新、形式创新和风格创新。

　　作者提出的"生产运行链"概念，不仅诠释了以质量为中心的全过程管理的整体性、关联性、有效性，明确表达了服装生产的"环节"和"动态"特征，而且还有助于加深学生对服装生产现场的认识、理解、掌握和运用。

　　我相信，《服装生产现场管理》（第2版）将会以其前瞻的理论性、切实的操作性和独到的创新性，为我国服装高等教育和服装产业作出新的贡献。

海南大学三亚学院跨文化研究中心

马书红 博士

前言

《服装生产现场管理》作为"十一五"部委级规划教材已出版发行四年多了,随着时间的推移和我国经济发展与高等教育的改革,原作的某些缺陷与内容缺失需要得到纠正与补充。服装产业这几年遇到的新问题,使其生产模式也发生了一些变化。为了给服装高等教育提供最前沿和优质的教材,作者用了半年的时间修订和充实了原作,适应了我国服装产业的需要,进一步缩小了高等教育与产业的距离。为培养新时代应用型、网络型服装高级人才贡献微薄之力。

今年是我国"十二五"规划开局之年,经济发展进一步转型升级,同样,服装产业也要迎来新一次转型升级,由量大、廉价转变为优质、优价,为创出国际名牌而行动。例如江南布衣服饰有限公司的"JNBY"品牌在加拿大的温哥华、多伦多以及美国、欧洲和日本都有专卖店,"雅戈尔"、"美特斯邦威"、"欧时力"等国内名牌也在向外来名牌挑战与竞争。《服装生产现场管理》(第2版)在这种情况下,阐述了把以质量为中心的生产管理贯穿在生产全过程的理念。

在本书被列为高等教育"十二五"部委级规划教材出版之际,首先要向给予我们大力支持的陆丹教授、王勋铭教授、沈关宝教授、沈为平教授、马书红博士和庄吉集团、德国企业"和发"丝绸有限公司、海南大学三亚学院跨文化研究中心及中国纺织服装教育协会表示感谢。

本教材在编著过程中,由于时间仓促,水平有限,难免出现谬误和遗漏。恳请广大读者不吝赐教。

编著者
2011年6月

教学内容及课时安排

章/课时	课程性质/课时	节	课程内容
绪论 （4课时）	基础概论 （10课时）		• 服装生产现场管理与我国服装工业
		一	服装生产与现场管理
		二	服装企业"用工荒"导致生产模式变化
第一章 （6课时）			• 服装生产企业的组织架构与生产运行链
		一	服装生产企业的组织架构
		二	有关部门的职能范围
		三	服装生产运行链
第二章 （6课时）	应用技能与管理 （36课时）		• 服装新产品开发与承接订单
		一	市场调查与预测
		二	计算机技术在服装企业中的应用
		三	服装产品设计与开发
		四	承接订单
第三章 （8课时）			• 服装投产前的准备
		一	采购部的准备
		二	技术部的准备
		三	业务部的准备——理单
		四	生产部的准备——工艺单的编制
		五	下达生产通知单和安排生产
第四章 （6课时）			• 服装裁剪工程的运行与管理
		一	编制裁床方案
		二	排料划样工艺
		三	铺料工艺
		四	裁剪工艺
第五章 （6课时）			• 服装缝制工程的运行与管理
		一	缝制机械
		二	成衣缝制前的准备
		三	缝制车间机台的布局
		四	缝制作业现场管理

章/课时	课程性质/课时	节	课程内容
第六章（4课时）	应用技能与管理（36课时）		• 服装后整理工程的运行与管理
		一	锁眼、钉扣、打套结作业与管理
		二	剪线头、除污渍作业与管理
		三	整烫与包装
第七章（6课时）			• 服装生产跟单
		一	服装跟单概述
		二	服装跟单的流程和相关知识
		三	服装生产各阶段跟单的具体内容

注　各院校可根据自身的教学特点和教学计划对课程时数进行调整。

目录

绪论　服装生产现场管理与我国服装工业 ⋯⋯⋯ 002
　第一节　服装生产与现场管理 ⋯⋯⋯ 002
　　一、我国服装工业的形成与发展对服装生产管理的影响 ⋯⋯⋯ 002
　　二、服装生产现场管理的意义 ⋯⋯⋯ 003
　第二节　服装企业"用工荒"导致生产模式变化 ⋯⋯⋯ 004
　　一、我国服装工业目前的主要生产模式 ⋯⋯⋯ 004
　　二、我国服装工业的发展对生产现场管理的要求 ⋯⋯⋯ 006
　总结 ⋯⋯⋯ 006
　作业布置 ⋯⋯⋯ 006

第一章　服装生产企业的组织架构与生产运行链 ⋯⋯⋯ 008
　第一节　服装生产企业的组织架构 ⋯⋯⋯ 008
　　一、小型企业的组织架构 ⋯⋯⋯ 008
　　二、中型企业的组织架构 ⋯⋯⋯ 009
　　三、大型企业的组织架构 ⋯⋯⋯ 010
　第二节　有关部门的职能范围 ⋯⋯⋯ 011
　　一、产品开发部职能范围 ⋯⋯⋯ 012
　　二、业务部职能范围 ⋯⋯⋯ 012
　　三、技术部职能范围 ⋯⋯⋯ 013
　　四、采购部职能范围 ⋯⋯⋯ 013
　　五、仓库管理职能范围 ⋯⋯⋯ 014
　　六、生产部职能范围 ⋯⋯⋯ 014
　　七、品质管理部职能范围 ⋯⋯⋯ 015
　第三节　服装生产运行链 ⋯⋯⋯ 016
　　一、服装生产运行链 ⋯⋯⋯ 016
　　二、服装生产全过程运行链 ⋯⋯⋯ 018
　总结 ⋯⋯⋯ 019
　作业布置 ⋯⋯⋯ 019

第二章 服装新产品开发与承接订单 ········· 022
第一节 市场调查与预测 ········· 022
一、调查内容 ········· 022
二、调查方法 ········· 023
三、市场预测 ········· 025
第二节 计算机技术在服装企业中的应用 ········· 026
一、平面设计软件在服装设计中的应用 ········· 026
二、服装 CAD/CAM 系统在服装企业中的应用 ········· 030
第三节 服装产品设计与开发 ········· 036
一、服装产品设计的概念和类型 ········· 036
二、服装新产品开发的主要方法 ········· 037
三、服装设计师应具备的能力 ········· 037
四、服装新产品设计的过程 ········· 038
五、服装新产品推向市场 ········· 039
第四节 承接订单 ········· 040
一、开拓订单的渠道 ········· 040
二、订单分析 ········· 040
三、谈判 ········· 041
四、签约 ········· 041
五、订单生产计划排期 ········· 042
总结 ········· 043
作业布置 ········· 043

第三章 服装投产前的准备 ········· 046
第一节 采购部的准备 ········· 046
一、物料的采购 ········· 046
二、物料的检验与入库 ········· 046
第二节 技术部的准备 ········· 052
一、样衣的制作与确认 ········· 052
二、生产样板的制作与复查 ········· 055
第三节 业务部的准备——理单 ········· 056
一、服装理单的概念和作用 ········· 056
二、对服装理单员的基本要求 ········· 057
三、服装理单的程序和基本流程 ········· 059
第四节 生产部的准备——工艺单的编制 ········· 060

一、工艺单的内容 ·· 060
　　二、工艺单的编制 ·· 061
第五节　下达生产通知单和安排生产 ·································· 065
　　一、下达生产通知单 ·· 065
　　二、安排生产 ··· 066
总结 ··· 067
作业布置 ·· 067

第四章　服装裁剪工程的运行与管理 ······························· 070
第一节　编制裁床方案 ··· 071
　　一、编制裁床方案的要素 ··· 071
　　二、裁床方案的编制 ·· 072
第二节　排料划样工艺 ··· 074
　　一、排料的技术要领与质量要求 ···································· 074
　　二、排料图的检验 ·· 075
　　三、排料划样图例 ·· 076
第三节　铺料工艺 ··· 079
　　一、铺料的技术要领与质量要求 ···································· 079
　　二、铺料方法 ··· 079
　　三、铺料的检验与管理 ··· 080
　　四、铺料设备 ··· 082
第四节　裁剪工艺 ··· 084
　　一、裁剪机械 ··· 084
　　二、裁剪前的核查与规定 ··· 088
　　三、裁剪技术要领与质量要求 ······································ 088
　　四、裁片的检验 ··· 090
　　五、绣（印）花 ··· 091
　　六、裁片编号与分包 ·· 092
总结 ··· 093
作业布置 ·· 093

第五章　服装缝制工程的运行与管理 ······························· 096
第一节　缝制机械 ··· 097
　　一、粘衬机 ·· 097
　　二、包缝机 ·· 098

　　　　三、平缝机 …………………………………………………… 099
　　　　四、特种机 …………………………………………………… 100
　　第二节　成衣缝制前的准备 ……………………………………… 103
　　　　一、产前样衣制作 …………………………………………… 103
　　　　二、流水作业的分析与编排 ………………………………… 103
　　　　三、工艺卡的制作与分发 …………………………………… 107
　　第三节　缝制车间机台的布局 …………………………………… 107
　　　　一、横列对排式机台布局 …………………………………… 107
　　　　二、纵列课桌式机台布局 …………………………………… 107
　　　　三、集团式机台布局 ………………………………………… 109
　　　　四、吊挂式机台布局 ………………………………………… 109
　　第四节　缝制作业现场管理 ……………………………………… 110
　　　　一、缝制作业的管理 ………………………………………… 110
　　　　二、管理图表的编制与填写 ………………………………… 111
　　总结 …………………………………………………………………… 117
　　作业布置 ……………………………………………………………… 117

第六章　服装后整理工程的运行与管理 …………………………… 120
　　第一节　锁眼、钉扣、打套结作业与管理 ……………………… 121
　　　　一、锁扣眼作业 ……………………………………………… 121
　　　　二、钉纽扣作业 ……………………………………………… 122
　　　　三、套结作业 ………………………………………………… 123
　　　　四、检验 ……………………………………………………… 123
　　第二节　剪线头、除污渍作业与管理 …………………………… 125
　　　　一、剪线头作业 ……………………………………………… 125
　　　　二、除污渍作业 ……………………………………………… 126
　　　　三、检验 ……………………………………………………… 127
　　第三节　整烫与包装 ……………………………………………… 128
　　　　一、整烫作业 ………………………………………………… 128
　　　　二、包装作业 ………………………………………………… 130
　　总结 …………………………………………………………………… 134
　　作业布置 ……………………………………………………………… 134

第七章　服装生产跟单 ……………………………………………… 136
　　第一节　服装跟单概述 …………………………………………… 136

一、服装跟单的含义 ……………………………………………………… 136
　　二、服装跟单在企业中的应用 …………………………………………… 136
　　三、跟单员的基本要求 …………………………………………………… 137
　　四、服装跟单的重要性及发展前景 ……………………………………… 138
　第二节　服装跟单的流程和相关知识 ………………………………………… 138
　　一、基本流程 ……………………………………………………………… 138
　　二、服装跟单的相关知识 ………………………………………………… 140
　第三节　服装生产各阶段跟单的具体内容 …………………………………… 146
　　一、前期跟单 ……………………………………………………………… 146
　　二、中期跟单 ……………………………………………………………… 149
　　三、后期跟单 ……………………………………………………………… 150
　　四、各类检验作业图示 …………………………………………………… 154
总结 ………………………………………………………………………………… 157
作业布置 …………………………………………………………………………… 157

参考文献 ………………………………………………………………………… 158

附录 ……………………………………………………………………………… 159
　附录一　服装生产工艺单例 …………………………………………………… 159
　附录二　理单后的国外订单例 ………………………………………………… 160

基础概论——

服装生产现场管理与我国服装工业

> **课题名称：** 服装生产现场管理与我国服装工业
> **课题内容：** 服装生产与现场管理
> 　　　　　　我国服装工业目前的生产模式
> **课题时间：** 4课时
> **教学目的：** 使学生了解服装生产现场管理在服装业中的核心地位与重要意义。
> **教学方式：** 播放幻灯片和教师讲述同步进行。
> **教学要求：** 1. 让学生了解我国服装工业的形成与发展对服装生产管理的影响。
> 　　　　　　2. 让学生了解我国人力资源结构性矛盾导致目前服装生产模式的变化。
> 　　　　　　3. 我国服装工业的发展对生产现场管理提出的更新、更高的要求。

绪论　服装生产现场管理与我国服装工业

我国服装文化有着五千多年的历史积淀，中式服装博大精深，无论是其保护功能还是其装饰功能都有鲜明的民族特色。清末以后，随着洋枪洋炮的引进，洋装（即欧式服装）也进入我国。19 世纪末 20 世纪初，以宁波裁缝为代表的"红帮"裁缝为我国服装成衣化、现代化、国际化奠定了坚实的基础。随着我国服装工业的发展，服装生产管理的性质和模式也在不断改变。服装生产师傅带徒弟的整体手工业生产方式转变为大批量、流水作业的现代化、机械化工业生产方式。

第一节　服装生产与现场管理

一、我国服装工业的形成与发展对服装生产管理的影响

新中国成立以前，我国的服装业一直停留在小而散的手工业阶段。新中国成立后，我国服装业走过了"缝纫店"、"缝纫合作社"、"被服厂"、"服装厂"等阶段，就其性质来讲，从个体发展到小集体到大集体所有制，其行政管理也从手工业管理局过渡到二轻局再到省服装鞋帽工业公司的行业管理。前后用了 30 年时间，直到 1980 年才完成了服装工业的形成阶段。这个阶段的服装生产管理，在性质上属于以计划为中心的进度管理、以"抓革命、促生产"为口号的传统型人治管理，设备陈旧、效益低下。1980 年我国服装产值仅为 6.8 亿元人民币，出口几乎为零。

改革开放以后，我国服装工业进入了腾飞发展阶段，首先是福建、广东的沿海城市，民营与合资的服装企业如雨后春笋般破土而出，其特点如下：

（1）新的服装工业企业一开始就进入市场经济，不受计划经济约束，打破"铁饭碗"和"大锅饭"，实行计件工资，体现能者多劳、多劳多得，充分调动每一个人的潜能。产品以市场为导向，追求利润最大化，企业得以迅速扩张。

（2）起点高、规模大，引进先进设备和技术，大大提高了生产效率和产品质量。

（3）打破前店后厂的传统形式，全部生产成衣，实现真正意义上的工业生产。

这类企业从"三来加工"（即来料、来样、来牌加工）过渡到外贸订单出口，开拓了我国服装国际贸易的新局面。随着新局面的出现，服装生产管理也随之变化，企业中，高层家族化，中层师傅化，基层民工化。设置了职能部门，有了基本的管理制度，开始树立了以消除成衣污渍、线头、整烫不良、缝制不良的出口服装"四害"为目标的质量意识。

20世纪80年代，我国服装工业的GDP以年均15%以上的增长率超高速增长。20世纪90年代，老服装工业基地上海、宁波、南京、武汉重新整合，以其地域优势东山再起，新服装工业城市两匹"黑马"——东莞与温州快速成长，北京、天津等城市的服装工业奋起直追，形成了珠三角、长三角、渤海湾经济区齐头并进的大好局面。

到20世纪末，我国仅用了20年的时间就从一个服装工业落后国家发展成世界服装生产大国，"中国制造"的服装已遍布世界200多个国家和地区。但要想使我国从世界服装生产大国变成世界服装品牌强国，服装生产现场管理仍面临新的课题。

二、服装生产现场管理的意义

1. 服装生产在服装企业中的地位

从原始社会开始，人类就开始了各种各样的生产活动，例如：狩猎、捕鱼、采摘野果等。据美国佛罗里达大学戴维·德里研究计算，人类服装生产从17万年前就开始了，例如，剥兽皮、晒干后，披在身上御寒；把树叶或植物粗纤维用细藤穿连起来做裙子遮羞。在中国，黄道婆发明了纺织后，开始生产纺织面料后制作服装，当时的服装手工艺生产都是满足自家人的穿着。到了奴隶社会，生产力已经相当发达了，这才出现了为别人做衣服的手艺人——裁缝。

现代服装生产是工业化生产，无论产品的款式、质量及其生产管理都发生了质的飞跃。

目前，我国是世界服装第一生产大国，也是服装出口大国，中国已被世界称为"世界服装工厂"，为世界60多亿人生产服装，所以说，目前服装生产在服装企业中处于核心地位，服装企业所有的职能部门都是围绕服装生产工作展开的。

（1）业务部门是为服装生产提供订单的。金融危机后的服装企业因银行多次提高准备金率，"贷款难"使服装企业流动资金减少，为了规避风险，绝大多数服装企业都在实行零库存，即照单生产。

（2）开发部门、技术部门的工作是服装生产的前道环节。

（3）采购部门为服装生产准备原辅材料。

（4）财务部门为服装生产组织资金。

（5）人力资源部门为服装生产招聘技术工人和管理人员。

（6）后勤部门为生产人员提供后勤服务。

（7）品管部门为服装生产全过程进行质量监管。

（8）保安部门为生产者的安全护驾保航。

这就是服装生产在服装企业中核心地位的具体体现。

2. 服装生产现场管理的重要意义

既然服装生产在服装企业中处于核心地位，那么服装生产管理在服装企业中的管理也是核心管理。服装生产管理的内容包括生产要素管理、订单计划管理、全程品质管理、生产现场管理以及与生产相关的设备管理和生产信息管理。

生产现场管理（简称现场管理）靶向性很强，是针对从产品设计到成品包装的组织、运行、指挥与协调的生产一线管理，它的重要意义在于：

（1）保证生产的稳定与顺畅，提高生产效率。

现场管理可以整合要素、品管、设备、信息等管理为一体，以现场为战场，促进生产要素的到位，订单计划有序，设备正常运行，生产信息准确，人员潜力发挥，品质管理及时，加上现场管理人员的科学组织、指挥、协调，就会保证生产稳定顺畅地运行，逐步提高生产效率。

（2）保证企业提高效益，增加竞争力。

新时期的现场管理是在效率的基础上，实行以质量为中心的生产过程管理，把质量控制分布到每一个生产环节中去，同时贯彻产品标准，把品质缺陷消灭在生产过程中。在现场管理时严格运用科学的表格推行现代企业管理制度，提高产品的优等品、一等品率，为企业带来良好的经济效益，并提升企业的竞争力。

（3）现场管理有利于人才的成长和提高技术工人的工资收益。

生产现场规模大，人员多，环节复杂，工种多，工序繁琐，企业总是在优秀的技术员工中挑选现场管理人员，在现场管理中提高了他们的综合素质，赋予其相应的责任和权威，增强他们的号召力，锻炼他们的组织能力和协调能力，对人才成长提供了一个平台。而技术工人因在生产现场实行计件工资，从而最大限度地调动了他们的积极性和熟练性，增加了他们的工资收益，企业就进入了一种良性循环的状态。

第二节　服装企业"用工荒"导致生产模式变化

2007年春节后，我国服装名城福建石狮喊出第一声"用工荒"，该词后来就经常见诸于电视、报纸、网络等媒体。一开始，服装企业的招工部门向劳务中介"买"操作工，从上百元涨到上千元一位，以后"用工荒"一年比一年严重，直到2011年春节后,西部重镇——重庆市在主要交通站场竖起了"为了孩子和家人，请留在重庆"，一场东、中、西部争夺服装操作工的"战斗"就打响了。导致"用工荒"的原因是多种因素造成的，在此不深究。然而因为"用工荒"，服装企业的生产模式发生了变化。

一、我国服装工业目前的主要生产模式

我国服装工业在经过30多年快速发展的同时，为了适应激烈的市场竞争，服装工业的生产根据行业发展和市场的格局，形成了多种模式，主要包括以下几类。

1. 品牌服装生产

品牌服装生产指服装生产企业生产自主拥有并得到消费者广泛认可的品牌服装的模式。它必须有一个或几个属于本企业注册商标权的品牌，如果该品牌有能力打入国际市场，

企业还必须在出口国进行商标注册，以防别有用心的人或法人抢先注册而造成企业还得向抢注者交付高额的商标使用费的情况。一般情况下，品牌企业拥有雄厚的资金、庞大的生产规模，并配有自己的科研、设计和开发队伍。如罗蒙、海澜之家、李宁、361°、波司登、唐狮、太平鸟这些品牌企业都属于集团化公司，有着遍布全国的销售终端，如大型百货商店的品牌专柜、专卖店等，目前均以内销为主。有些知名度特高的品牌，如"罗蒙"西服、"李宁"和"361°"运动服也不同程度打入了国际市场。品牌服装风险较大，在生产时对款式、面料、板型、工艺的要求非常高，它的附加值也很高，因此服装生产现场管理特别严格、规范。

2. 贴牌服装生产

贴牌服装生产指服装生产企业使用订货商提供的品牌进行生产的模式。我国服装出口增长迅速，出口值已近4000亿美元，产量、产值早已超过内销服装。这些企业中，少数是专门为某一国际名牌贴牌生产，多数是承接多国各种品牌的贴牌生产。它们的共同特点是，由客户下订单并提供品牌（即商标）样衣、原辅材料样本以及工艺要求，按客户的指令进行生产。其优点是可以做到零库存，基本无风险，不设开发部，不需设计人员，无需庞大的销售网络。其缺点是：没有自己的品牌，利润微薄，受制于人，并随着国际金融和贸易形势的变化，订单的数量不稳定，不好定员，订单多时拼命加班和外发，订单少时又要"找米下锅"，利润更少。个别大、中型出口企业已意识到自主创新的重要性，除了采用客户提供的样衣外，也在创建自己的品牌和开发新产品，被称为出样订货，常见于"广交会"和"北京时装周"。

3. 承接外发加工生产

承接外发加工生产指大中型服装生产企业，特别是大型品牌生产企业，为了节省资金不愿扩大生产规模，加上目前"用工荒"的制约，把一些生产任务外发给周边或中部省份的无力直接接单的小型企业（20~80人）进行生产的模式。这种小企业，最近三五年在中部省份得到迅猛发展，以江西省、安徽省更为突出。这种企业，租用闲置的旧仓库或大型民宅做厂房，不设开发部、技术部，只要20~80台平缝机，招相应的平车工，就能进行生产。这些企业的老板大都是第一代外出打工者，他们有技术，如今积累了一定的经验和原始资本，现在开始自己创业了。承接外发加工生产，投资少，见效快，风险不大。东南沿海城市"用工荒"加大，给中部省份带来了发展良机，也给服装企业的梯度转移创造了条件。目前这些小企业经营十分辛苦，利润更加微薄，依赖性更强。但创业者有着强烈的创业愿望，收入也比原来多得多，所以跟风者越来越多，凭着吃苦耐劳的精神、强烈责任心和坚定的信念，有做大、做强的趋势，以取代一些从服装出口行业中退出的大、中型服装企业，成为后起之秀。

4. 基地生产

东南沿海大、中型服装企业这几年受"用工荒"的困扰，多数企业采取了新的生产经营之道，他们把企业总部和开发部以及少部分生产工人保留在原城市，把大多数生产设备和操作工以及生产管理人员搬到中部省份的贫困县城去，作为自己的生产基地。企业中的多数外出打工者和第二代打工者就出自这些中部贫困县，他们很想留在家乡照看老人和孩子，当地的消费也比大城市低，对工资的预期也比大城市低，所以大中型服装企业"用工荒"也迎刃而解，这就诞生了企业管理层和生产基地分离的一种新的生产模式。这种基地生产，总部和生产基地必须建立一个独立的网络，由总部和开发部向生产基地发出各种行政、设计、订单、技术指令，两者之间的联系必须非常顺畅，基地每天的生产进度和质量情况必须及时登录填报。另外，总部业务部必须每单派出一个跟单员，进行全程跟单，保证交货期和产品质量。这种基地生产模式正在发展阶段，生产现场管理水平也在进一步提高。基地生产模式既弥补了员工的缺失，也降低了生产成本，同时对中部贫困地区的经济发展起到了很大的促进作用。

二、我国服装工业的发展对生产现场管理的要求

在21世纪我国服装工业面临诸多问题的情况下，为了使服装工业健康稳定发展，除了要接受和实行"科学发展观"，大力推行设备创新、产品创新外，还要积极摸索和实践生产现场管理模式的创新。

进入21世纪后，以往的家族管理模式已远远不能满足服装工业的发展。目前，绝大多数服装企业都在实行董事会领导下的总经理负责制，总经理职位大多实行现代工商企业管理的高端人才聘任制，生产厂长是从既有高学历、还具有十年以上服装生产现场管理的实践人才里挑选的。这种根本性的变化，对当今服装工业以质量为中心的生产现场管理提出了更高的要求，并将使我国服装产品，无论在品质还是附加值上都会有一个飞跃。此书本着以服装标准和品质控制为核心，从服装生产现场管理的角度出发，对生产流程的管理进行深层次的解析，以期为我国服装高等教育以及行业的发展提供具有现实意义的参考。

总结

1. 服装生产在服装企业生产中处在核心地位。
2. 现场管理的重要意义，在于它能保证生产的稳定与顺畅、保证企业提高效益、有利于人才的成长和提高员工收益。
3. 目前我国服装生产有四种模式。
4. 我国的服装工业在21世纪对服装生产现场管理人员有着新的要求。

作业布置

1. 服装生产现场管理的重要意义是什么？
2. 目前的几种服装生产模式各有什么特点？

基础概论——

服装生产企业的组织架构与生产运行链

> **课题名称：** 服装生产企业的组织架构与生产运行链
>
> **课题内容：** 服装生产企业的组织架构
> 　　　　　　有关部门的职能范围
> 　　　　　　服装生产运行链
>
> **课题时间：** 6课时
>
> **训练目的：** 让学生了解各种规模的服装生产企业的组织架构、各职能部门的职能范围和服装生产的全过程过行链，以对服装生产企业有一个初步认识。
>
> **教学方式：** 播放幻灯片和教师讲述同步进行。
>
> **教学要求：** 1. 要求学生通过课堂教学和课后制图，了解各种规模的服装生产企业的组织架构。
>
> 　　　　　　2. 使学生了解各种规模的服装生产企业应该设置哪些职能部门以及它们的职能范围。
>
> 　　　　　　3. 要求学生全面了解服装生产的全过程运行链。

第一章　服装生产企业的组织架构与生产运行链

服装生产企业有不同的种类，企业的规模大小有别，在组织架构上也各有不同。一般可以分为三种，即小型企业组织架构、中型企业组织架构和大型企业组织架构。

第一节　服装生产企业的组织架构

每一企业都有符合其自身特点的组织形式，服装生产企业同样如此，它根据企业规模、生产模式等进行管理，以形成不同的组织架构。服装生产企业根据其规模大小，一般有以下三种组织架构。

一、小型企业的组织架构

1. 规模和生产方式

在我国，200人以下的"服装厂"即为"小型服装企业"，这种类型的服装厂在我国服装业集群的城市或地区特别多，目前与东南沿海城市相邻的中部贫困县也在发展。它们散布在大、中型服装企业的周围和县城，一般多在近郊农村，大多数是为大、中型服装企业或服装贸易公司做来料、来样加工，只赚取劳务费。也有的小型企业，其生产方式为自产自销，没有开发和设计能力，产品一般在附近的小商品市场批发和零售，并随着市场的变化而变化，什么款式或品牌好销，它们就对其进行仿造生产，其产品质量差、工艺粗放、管理简单，但因产品的销售对象是低收入阶层和贫困地区，所以也有一定的发展空间。

2. 组织架构

小型服装生产企业因人员少，所以管理层次也少，多数工作都由厂长（即老板）自己处理。例如接单、决定生产什么产品、采购、销售、结账等。企业的管理往往采取一竿子到底的管理模式，即直线式组织架构，见图1-1。

厂长 → 生产组长 → 工人

图1-1　小型服装生产企业组织架构

小型企业一般只有两个管理层次，厂长通过三个生产组长实现对全部工人生产活动的管理。三个生产组长的职责分别为：裁剪组长（包括打板）负责制板、裁剪工作；缝纫组长管理裁片的发放和成衣的验收；整烫包装组长管理后整理和产品包装等工作。

3. 优缺点

小型服装生产企业的组织架构较为简单，其优缺点体现为以下几个方面。

（1）由于管理人员少，可以降低产品的生产成本。

（2）厂长经常接触工人，生产中和生活上出现的问题可以及时解决，不会影响正常的生产秩序。

（3）服装款式和品种变化快而数量少，直线式组织架构应变、适应能力强。

（4）因直线式组织架构简单而且粗糙，多数不实行流水作业，而是由每个工人整件制作，产品质量无法控制，标准极低，严重影响产品的品质。

（5）管理不规范，随意性很大，很难建立一支稳定的技术工人队伍。

二、中型企业的组织架构

1. 规模和生产方式

20世纪80年代以前，我国服装工业初步形成，其规模小，管理方式落后，没有进入市场经济体系。改革开放后，我国服装工业产销两旺，服装企业快速增长。进入20世纪90年代，300~500人的生产企业增加迅速，千人以上的大型企业也相继形成。在我国，一般人数在200人以上、千人以下的服装企业即为"中型服装企业"。目前我国服装企业具有一定规模的多为中型服装企业，生产方式实行流水生产，从产品开发到成衣销售分工较细、层次较多、部门齐全，具有较强竞争力和较稳定的销售渠道。此类企业一般都以接订单、生产出口产品为主，部分企业内、外销兼顾。中型企业的组织架构较为复杂，通常采用直线式职能架构。

2. 组织架构

中型服装生产企业一般有五个管理层次（图1-2）。

第一层为董事长、总经理和副总经理；

第二层为各职能部门经理和生产厂长；

第三层为生产车间主任；

第四层为生产车间班长和组长；

第五层为作业工人。

这种组织架构适合具有几百人的生产企业，其特点是分工明确、管理规范、职责分明。

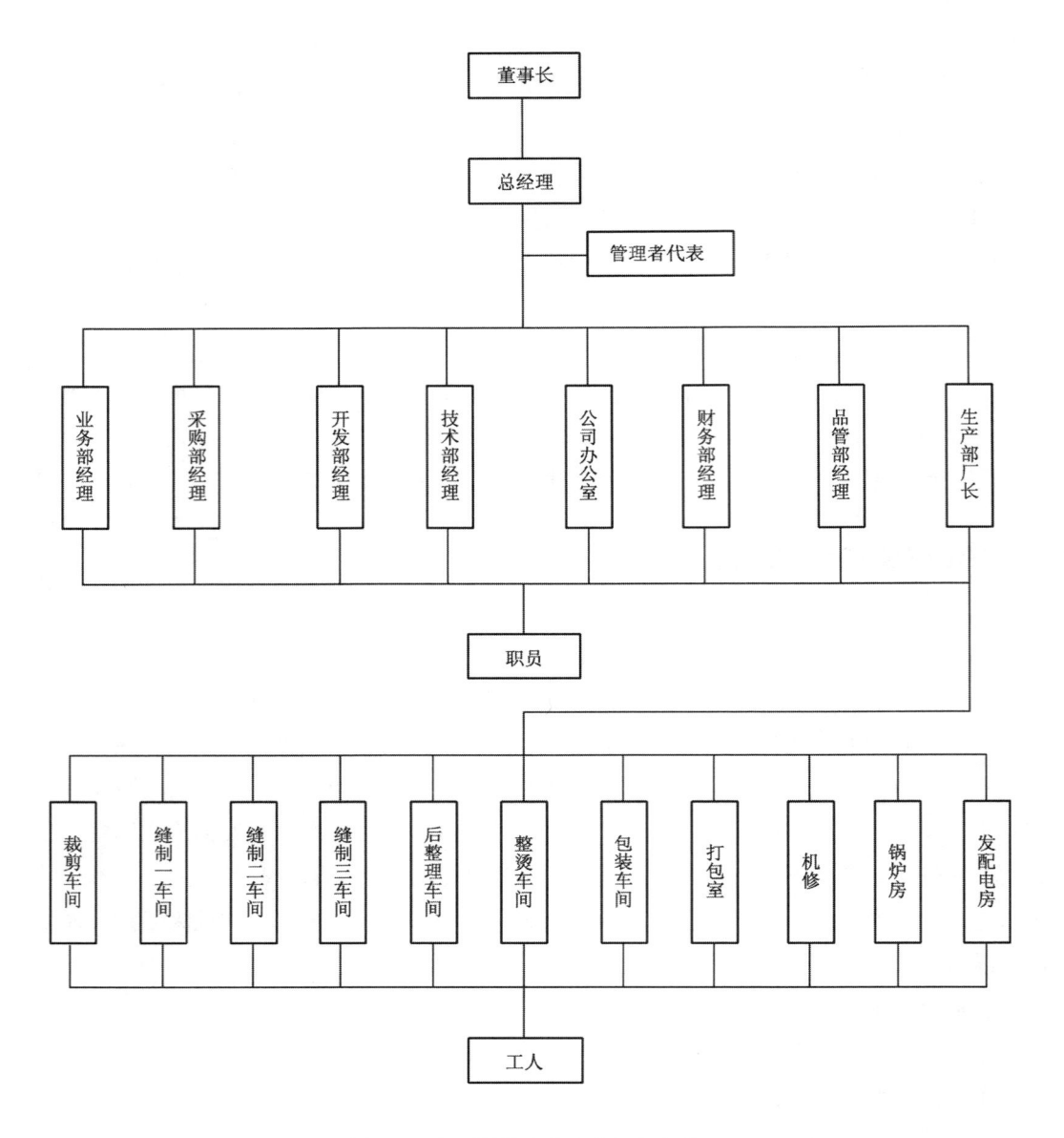

图1-2 中型服装生产企业组织架构

三、大型企业的组织架构

千人以上的服装企业为大型服装生产企业，大型服装生产企业的组织架构大多数仍以直线式职能架构为基础。在中型企业的组织架构的基础上增设"五师"，即总工程师、总经济师、总会计师、总设计师和总工艺师，协助总经理管理本单位的全部生产和经营工作，其组织结构如图1-3所示。

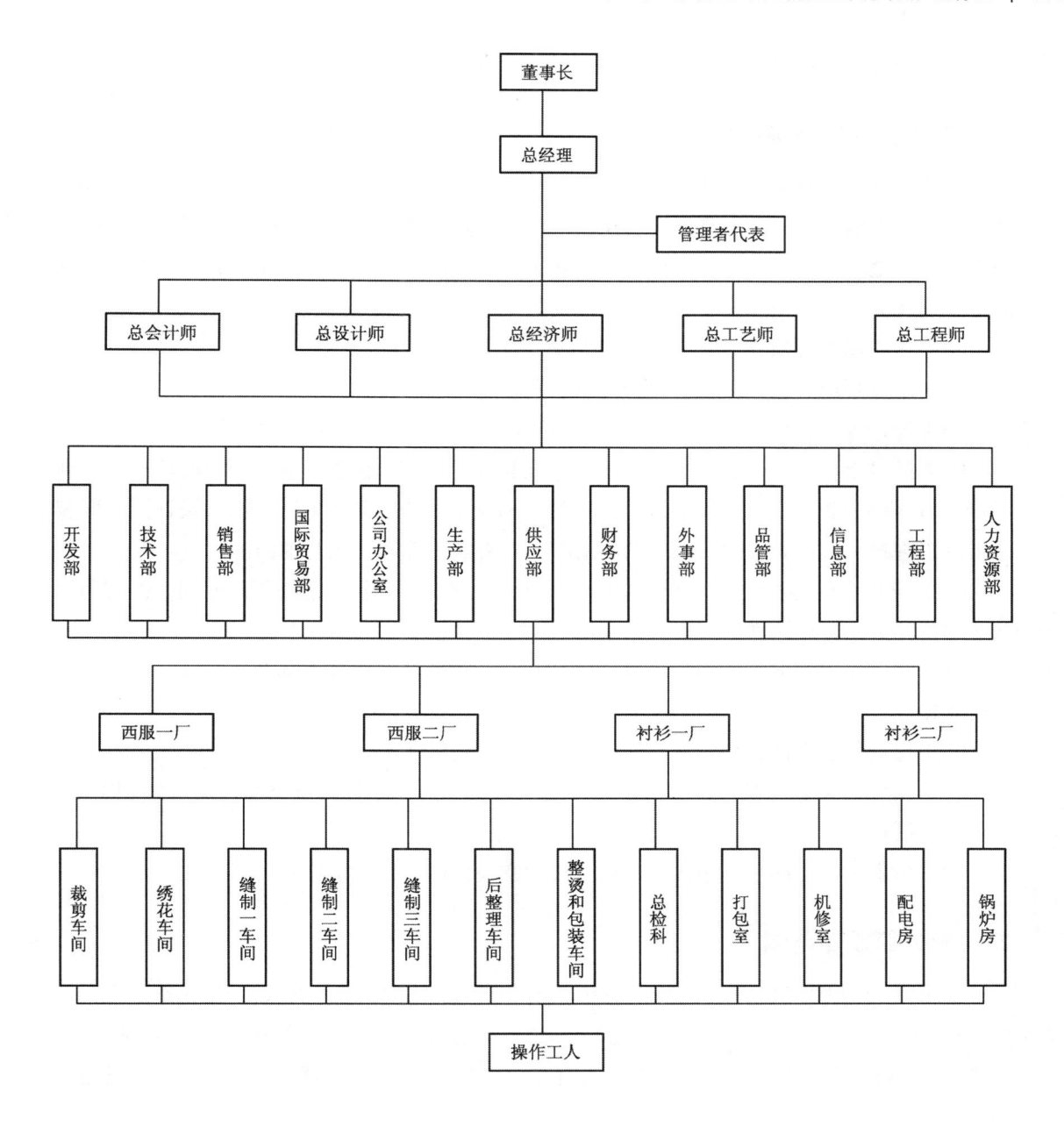

图1-3 大型服装生产企业组织架构

第二节　有关部门的职能范围

在服装企业的组织架构图上，根据各个企业的规模和需要可以设立必要的职能部门，每一个部门具有各不相同的职能范围。所谓有关的职能部门，在这里是指与服装有直接关系的职能部门。现以中型服装生产企业为例，明确有关部门的职能范围，为服装生产的正常运行和明确责任提供制度依据。

一、产品开发部职能范围

现代服装日新月异、变化万千，只有"变"，服装企业才能适应瞬息万变的市场环境，才能具有强大的生命力。产品开发部在其中扮演重要的角色，是服装生产流程的初始环节，根据季节、地域、流行趋势、人们的生活水平等开发出新款式、新色彩、新材质的服装以满足消费者的需求。产品开发部的职能范围如下：

（1）接受总经理领导，对公司产品开发负责。

（2）服装新产品的开发应遵循顾客至上和塑造品牌的宗旨。

（3）经常进行各种形式的市场调查和预测。给产品开发提供可靠的依据。

（4）通过市场调查、服装媒体、电视、互联网等渠道掌握服装流行趋势的信息。并利用计算机或手绘表达对新产品的构思，成熟后画成正式的服装效果图和结构设计图。服装效果图以理想的人体为基础，力求结构清晰，具有实用性和文化艺术内涵。

（5）新产品开发要充分体现新造型、新色彩、新材料、新工艺的创新原则，使实用性和艺术性完美结合，调动消费者的购买欲。

（6）结构设计图的制作应力求真实、准确、结构清晰，为技术部制作大货样板提供可靠的依据。

（7）密切与技术部合作，共同完成新产品的打样工作。

（8）新产品样衣经模特试穿演示，并组织有关部门专家评审合格后，交总经理审批，方可出样征订或批量投产。

（9）负责新产品的号型选用和规格设计，交技术部制作大货样板。

二、业务部职能范围

业务部也称销售部，在服装企业中具有极为重要的作用。进入市场经济以后，各生产企业均实行以销定产的生产模式，业务部工作的好坏直接影响整个企业的经营，特别对于出口贸易企业，接订单（期货销售）方面的工作相当重要。业务部的职能范围如下：

（1）接受总经理领导，对公司销售和承接订单工作负责。

（2）做好销售、接订单工作，以确保均衡生产。

（3）收集和查询客户资料，建立客户档案，主动联系订单。

（4）协助技术部，为订货客户制作确认样衣，并及时交到客户手中。再将客户对确认样衣的意见尽快反馈到技术部。

（5）协助采购部按客户提供的面、辅料小样以及打样单联系原材料厂家打样。按时把面、辅料样本交到客户手中确认。

（6）应客户要求，联络技术、采购、生产部门拟订科学、合理、准确的报价单，并迅速向客户报价。

（7）对订单进行登记和生产排期，及时理单，把订单信息、来样款式、规格表、面辅料供应情况、包装和装箱方法、工艺要求、交货时间等提供给生产部安排生产。

（8）编制客供面、辅料供应计划，提醒客户按计划供货。对自供面、辅料，要技术部算出单耗和合理损耗率，交采购部按时采购，并对采购来的面、辅料样本进行确认。

（9）做好跟单工作，随单对生产、面辅料供应状况、质量等进行监督，保证按质、按时交货。

（10）做好单证准备，确保报关顺利，并使大货按时发运。

（11）做好催款工作，及时回收客户的货款。

（12）对客户做好售后服务，争取客户加单或另下订单。对客户的投诉要及时解决，使客户满意。

三、技术部职能范围

服装是艺术与技术结合的产物，产品一旦开发成功，技术是保证品质的根本条件。技术部在服装生产企业中担负着重要的责任，其职能范围如下：

（1）接受总经理的领导，对公司的技术工作负责。

（2）接受并收集订单资料、客供工艺单、客供产品标准、本企业产品标准等技术文件并输入电子文档，方便使用和查阅。

（3）配合业务部做好面、辅材料耗用的报价部分，并编制面、辅材料单件（套）用料定额表。

（4）根据业务部提供的样衣、客供技术资料，制作确认样衣，通过评审、修正、批准后交业务部。

（5）制作大货裁剪样板和缝制工艺板，审核、修改和确认样板，并存入电子文档以供以后使用和查阅。

（6）会同裁剪人员使用CAD或手工绘制出科学、合理、准确的排料图，并通过绘图仪输出排料图供裁剪车间使用。

（7）编制服装生产工艺单，经过审查、修改、批准后分发给与生产有关的各部门，指导生产全过程按标准化进行生产作业。

（8）协助缝制车间工程技术人员（一般为车间主任）共同绘制流水生产工序分析图，对流水生产的流程、机台、人员配置做出科学、合理、公平的安排。

四、采购部职能范围

采购部，某些企业也称供应部，是为成衣生产提供原辅材料的部门。一旦某个款号的成衣进入计划排期后，采购部必须按质按量按时完成采购任务，以保证大货的顺利生产，其职能范围如下：

（1）接受总经理领导，对公司生产用物料供应负责。

（2）做好面、辅料供应商和加工商的建档和考查工作，定期考查供货的质量、价格、货期、服务等方面的内容。

（3）采购面、辅料应根据技术部编制的"单件（套）用料定额表"上的数据加上合理损耗，再结合订单的订购数算出采购总数。

（4）采购前应列出"采购清单"提出采购申请，得到采购部经理（或总经理）批准，方可进行采购。

（5）需要印染的面料，在接到业务部的"面料打样通知单"后，方可联系印染加工商进行印染打样，并限期完成，完成后交业务部转给客户确认。确认后应及时与加工商洽谈加工价格和交货时间，达成加工合同后交总经理审批执行。

（6）采购设备和其他耐久性物料，需要生产部提出申请，编制清单，经总经理审批后方可进行采购。

（7）采购员要进行市场调查，了解各种物料的价格行情，编制"每旬价格表"，进行"货比三家"，选择优质、优价、服务好、交货准时的供应商。

五、仓库管理职能范围

仓库是保管各种生产用物料的部门，对生产物料进行质量与数量的监管，以保证物料的质量合格、数量准确。某些企业将其归为采购部或生产部管理。仓库管理的职能范围如下：

（1）接受采购部领导，对公司的生产用物料负责。

（2）做好面、辅材料和其他有关物料的入库工作，入库前要按购进发票核对数量、检验质量。数量准确、质量合格方可办理入库手续，并及时入账。

（3）入库后的所有物料要合理堆放或整齐摆放在货架上，并有品名和规格的标志，以方便存储和发放为原则。仓库要清洁、防潮、防鼠、防盗，以确保物料的安全。

（4）为了生产正常运行，要坚守岗位，识别领料人，做到随到随发，不耽误生产，物料出库时要按公司的制度办理出库手续，并及时入账。

（5）对全部物料要定期盘点，做到物、账、单三相符合，并填好"盘点表"，报送采购部，使采购部能随时掌握物料库存情况，决定是否补充物料。

（6）盘点后如发现实际库存量与账面不符，除查明差异原因外，要编制"盘点损益单"，经总经理审批后，可调整账面数字，使账、物数字相符。

（7）仓管员要做好物料入、出库日报表和月结表以供相关部门使用。

六、生产部职能范围

生产部的职能根据企业不同，其范围有所不同。因对生产现场进行管理的最高负责人一般是厂长（少数为生产部经理），所以说这里的职能主要是针对厂长个人而言，其责任重大，职能范围也较为广泛。相关职能范围如下所示：

（1）向董事长、总经理负责并报告生产厂的全部工作。

（2）接受业务部下达的生产通知单、技术部下达的服装制造工艺单以及相应的技术资料，向车间下达产量和质量任务。

（3）设法降低管理和生产费用，提高劳动生产率。

（4）负责公司的机器、设备的维护，保证生产能正常运作。

（5）与相关部门或上级协商解决生产所需的人、财、物以及如期交货等问题。

（6）决定委外加工或接受来料加工事宜，报总经理核准。

（7）下车间查看进度与质量，听取车间主任和员工的意见，改进工作。

（8）对延误货期和质量事故负领导责任。

（9）及时处理车间与车间、车间与部门间存在的问题和矛盾。

（10）对车间主管工作质量进行考核。

（11）定期召集生产例会，确保生产顺利进行，出现异常情况应召集紧急会议，及时、妥善地解决问题。

（12）在生产过程中，对客户的投诉进行分析，并与相关部门合作做出客户满意的处理。

七、品质管理部职能范围

现今的服装企业已从以往的廉价、数量型向品质、品牌型转变，服装生产管理也转向以质量为中心，故品质管理部在成衣生产中显得格外重要，对服装生产企业的发展担负着重大的职责。其职能范围如下：

（1）接受总经理领导，对公司产品质量负责。

（2）把好产品质量关，放行的产品必须达到99.5%的合格率。

（3）领导、组织、调配本部的所有工作人员，完成生产全过程的质量控制任务。

（4）经过终检的产品不允许出现疵点。

（5）根据交货期完成检验任务。

（6）除董事长、总经理以外，不得接受任何人对检验标准的异议，如有异议必须出具书面担保。

（7）按ISO要求制订各种检验的统计表格，准确反映各车间的半检以及交货验收的不良率。

（8）每天下车间进行质量巡查，发现问题用书面形式反馈车间主任并限令其改进，负责对车间产品不良率的考核。

（9）在生产过程中对客户的投诉进行分析，并与厂长合作做出客户满意的处理。

（10）对产品质量负责到底，如客户提出投诉、索赔、降价、拒付而给企业造成巨大的损失，同样要追究品质部的责任。

（11）每天填写质量日报表，交本公司厂长审核后再转交总经理。

第三节　服装生产运行链

服装生产有其特有的流程，该流程即为生产运行链。整个运行链由六个子链组成，子链中的每一环代表一个作业程序，六条子链连接，即形成一条完整的服装生产全过程运行链。

一、服装生产运行链

服装生产运行链由六个子链组合而成，依次为产品开发运行链、承接订单运行链、投产准备运行链、裁剪工程运行链、缝制工程运行链、服装后整理作业运行链。

1. 产品开发运行链

产品开发运行链是指新产品开发的流程和环节，产品开发部需遵循此链进行运作，见图1–4。

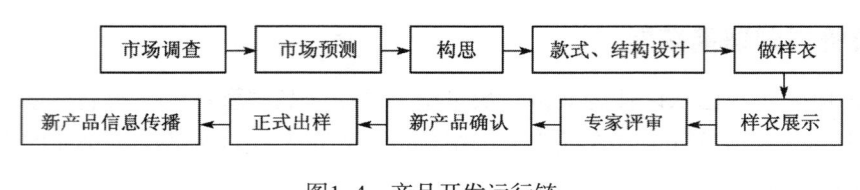

图1–4　产品开发运行链

2. 承接订单运行链

新产品开发完成后，业务部将样衣向客户进行推荐，并承接订单，承接订单运行链如图1–5所示。

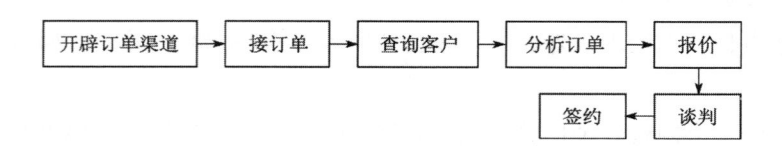

图1–5　承接订单运行链

3. 投产准备运行链

承接订单后，在投产前需进行大量的准备工作，涉及技术、采购、仓管、业务等诸多部门，各部门需通力合作，才能科学、合理地安排组织好生产，使生产得以顺利进行，投产准备的运行链如图1–6所示。

4. 裁剪工程运行链

裁剪工程是服装投产后的第一道工序，主要任务是将各种面、辅料裁剪成所需的裁片，以供缝制工程使用，是服装生产中的重要环节，必须予以高度重视，裁剪工程运行链如图1-7所示。

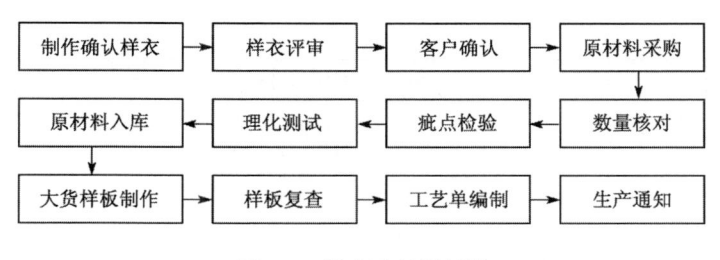

图1-6　投产准备运行链

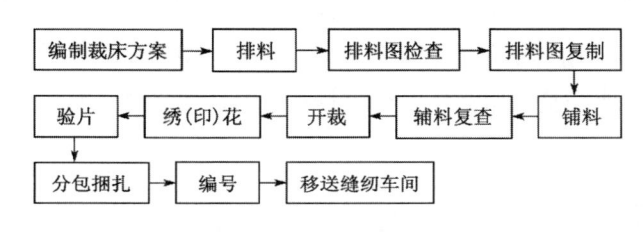

图1-7　裁剪工程运行链

5. 缝制工程运行链

缝制工程是将裁剪好的裁片组合成整件成衣，缝制作业按流水线进行，生产流水线的合理组织与安排是提高生产效率的重要保证。缝制工程运行链如图1-8所示。

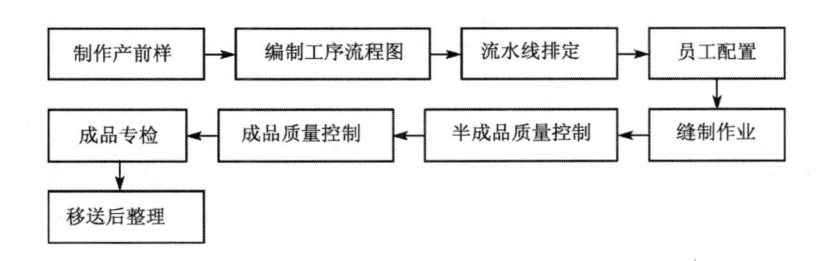

图1-8　缝制工程运行链

6. 服装后整理作业运行链

服装后整理作业是服装生产的最后加工阶段，经过后整理的成衣，其外观造型、手感、服用性能等都得以大大提高，后整理在成衣生产中的地位变得越来越重要，其运行链如图1-9所示。

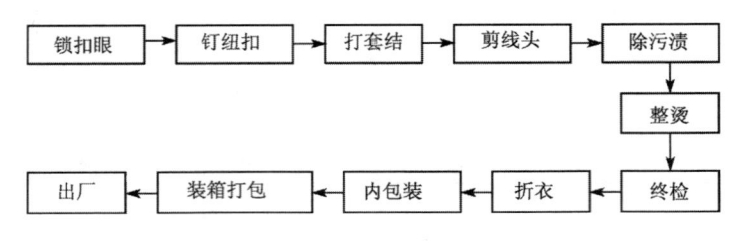

锁扣眼 → 钉纽扣 → 打套结 → 剪线头 → 除污渍 → 整烫

出厂 ← 装箱打包 ← 内包装 ← 折衣 ← 终检 ← 整烫

图1-9 服装后整理作业运行链

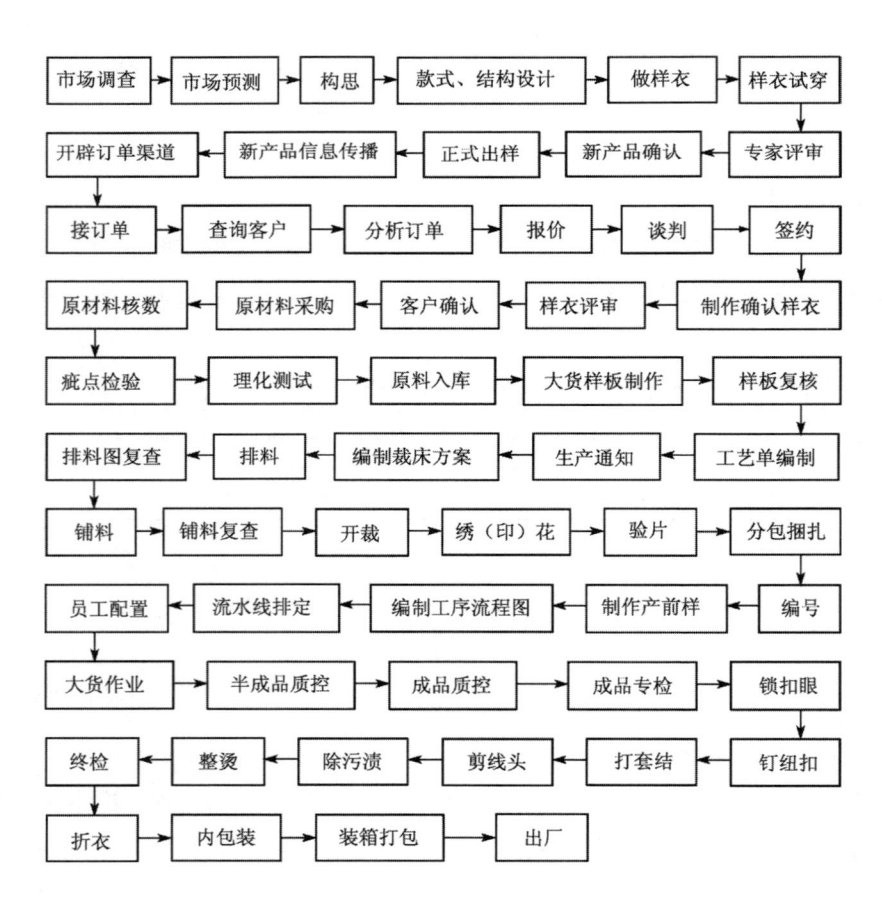

二、服装生产全过程运行链

服装生产全过程运行链的六条子链可以单独存在。例如服装设计工作室（即服装设计开发公司），就可只采用"产品开发运行链"；服装出口贸易公司可采用"投产准备运行链"；外发服装加工厂则可采用"缝制工程运行链"。一般中型出口服装生产企业的生产流程都包括六条子链，即形成完整的服装生产全过程运行链，见图1-10。

市场调查 → 市场预测 → 构思 → 款式、结构设计 → 做样衣 → 样衣试穿

开辟订单渠道 ← 新产品信息传播 ← 正式出样 ← 新产品确认 ← 专家评审

接订单 → 查询客户 → 分析订单 → 报价 → 谈判 → 签约

原材料核数 ← 原材料采购 ← 客户确认 ← 样衣评审 ← 制作确认样衣

疵点检验 → 理化测试 → 原料入库 → 大货样板制作 → 样板复核

排料图复查 ← 排料 ← 编制裁床方案 ← 生产通知 ← 工艺单编制

铺料 → 铺料复查 → 开裁 → 绣（印）花 → 验片 → 分包捆扎

员工配置 ← 流水线排定 ← 编制工序流程图 ← 制作产前样 ← 编号

大货作业 → 半成品质控 → 成品质控 → 成品专检 → 锁扣眼

终检 ← 整烫 ← 除污渍 ← 剪线头 ← 打套结 ← 钉纽扣

折衣 → 内包装 → 装箱打包 → 出厂

图1-10 服装生产全过程运行链

总结

1. 服装生产企业的组织架构是服装生产管理实行规模化、科学化管理的组织保证。
2. 各职能部门职能范围的合理制订，有利于各部门间既能各司其职，又能相互配合。
3. 通过服装生产全过程运行链，了解了成衣工业化生产的运行。

作业布置

1. 绘制一张大型服装生产企业组织架构图。
2. 绘制一张服装生产全过程运行链。

应用技能与管理——

服装新产品开发与承接订单

课题名称：服装新产品开发与承接订单

课题内容：市场调查与预测
　　　　　　服装产品设计与开发
　　　　　　接订单

课题时间：6课时

训练目的：使学生掌握开发服装新产品的程序和方法；了解新产品开发成功后怎样传播其信息，并由此开拓订单渠道；了解承接订单后怎样分析订单、谈判和签约。

教学方式：播放幻灯片和教师讲述同步进行。

教学要求：1. 要求学生掌握服装市场调查的内容与方法。

　　　　　　2. 使学生了解新产品开发的过程和方法以及怎样把新产品的信息传播到客户和消费者中。

　　　　　　3. 让学生了解怎样开拓订单的渠道以及谈判和签约的原则。

第二章　服装新产品开发与承接订单

批量少、款式多、变化快是现代服装业的一个重要特点，反映了人们求新求变的普遍心理。对于服装生产企业来说，永远不变的就是"变"，这样才能满足市场和人们的需求。变，是服装在用途、结构、性能、材质、配色、艺术主题等某一方面或多方面的一种创新。我国虽已成为服装生产大国，却仍不是服装强国，至今还没有在世界上叫得响的品牌，在国外很少能见到中国的服装品牌，这不能不说是我国服装工业的一大遗憾。我国的服装在发达国家总是价格便宜、质量差的代名词，要改变这种局面，唯一的道路是加快产品开发步伐，大力发展品牌战略。

新产品开发不是盲目的苦思冥想，它必须建立在市场调查的基础上，通过调查了解和预测人们的穿着心理和服装的现状与走向。具体的调查内容包括服装的款式、色彩、面料等的流行趋势。新产品的开发只有通过市场调查才能获得灵感和创作源泉，服装企业才能源源不断地开发出新产品以满足市场的需求。

第一节　市场调查与预测

市场调查与预测工作浩繁复杂，但因市场调查与预测是开发新产品的基础工作和依据，所以必须有计划有目的地做好这一项工作。市场调查与预测首先应确定具体的调查内容和调查方法，以此为基础和前提进行市场预测。

一、调查内容

1. 季节服装调查

一年有四季，人们按季节穿着服装，每一个季节的服装差异很大，且季节服装随流行趋势每年也在变化。季节服装的调查，一般通过各种渠道收集服装市场信息和世界各时装中心的下一季流行资讯以及各流行预测机构发布的色彩、面料等流行趋势，对收集来的资料加以整理、研究，从中获取素材和流行趋势，再结合自身的市场情况，按照市场需求和流行进行设计。

2. 主流服装调查

在季节服装调查的同时，要密切关注每个季节中主流服装的款式、材质、色彩等的变化以及穿着最多的款式和上下装的搭配，详细地分析整理出流行的款式和搭配。

3. 不同档次服装的调查

调查高、中、低档服装各自采用的典型款式、色彩、材质、搭配和价位。

4. 总体的流行趋势调查

调查服装的总体流行趋势，如紧、短、露的炫耀身材型；适身典雅正装型；宽松、夸张型；休闲随意型；突出个性多样型；民族改良型等。归纳总结出服装总体流行趋势。

二、调查方法

1. 询问法

为某个品类的服装进行可行性调查，可以在百货大楼、专卖店等相应消费人群经常出没的地方，对服装定位的相关消费人群进行询问笔录，询问前应充分地做好准备，有目的地拟好几个能获取准确信息的问题，如表2-1所示的针对6周岁以下儿童的母亲拟订的"童装询问调查表"。

表2-1 童装询问调查表

时间： 地点： 年龄： 性别： 父亲职业： 母亲职业：
1. 您每年在孩子身上的服装花费大概是多少？ 答：
2. 若您的孩子是女孩，你喜欢给她购买女性化的服装？还是中性化的服装？ 答：
3. 您给孩子购买服装的最理想价位是多少？ 答：
4. 您给孩子购买的服装是合身的还是稍大一点的？ 答：
5. 您每个季节给孩子购买几套服装？ 答：
6. 若您的孩子是女孩，在夏季您会购买连衣裙还是上下搭配的服装？ 答：
7. 您给孩子购买服装时喜欢何种成分的面料，如纯棉、混纺、化纤？ 答：
8. 您在给孩子选购服装时是重装饰还是重舒适？ 答：
9. 您在给孩子选购服装时是重特色还是随大流？ 答：

2. 观察调查法

在节假日人们都出来购物、闲逛时，对特定人群进行观察。可选择大型超市出入口，对某一性别和年龄段的人群进行观察。调查时既要采用表格，也要采用统计纸，保证调查统计的准确性。如表2-2所示的为"秋季服装街头穿着状况观察表"。

表2-2　秋季服装街头人群穿着状况观察表

```
地点：_____   日期：_____   时间：_____
年龄：_____性别：男（　）女（　）
调查对象的穿着情况：
上衣种类：毛衣（　）人；针织衫（　）人；夹克（　）人；牛仔衣（　）人；外套（　）人。
　　　　其他：_____
下装种类：牛仔裤（　）人；休闲裤（　）人；连衣裙（　）人；长裙（　）人；短裙（　）人；超短裙（　）人。
　　　　其他：_____
上衣颜色和花色：_____
下装颜色和花色：_____
鞋子种类：皮鞋（　）人；靴子（　）人；旅游鞋（　）人；休闲鞋（　）人；运动鞋（　）人。
　　　　其他：_____
首饰：_____   配饰：_____
档次：高档（　）人；中档（　）人；低档（　）人。
穿着印象评价：协调（　）人；比较协调（　）人；很不协调（　）人。
```

3. 问卷调查

由服装企业开发部拟出问卷，企业派人到人流集中处（例如步行街、百货大楼等）散发问卷，只要求填表人打"√"或填空，为填表者送一纪念品，以激发人们填表的积极性，见表2-3。

表2-3　男式春秋服装问卷调查表

```
时间：_____   地点：_____   职业：_____   年龄：_____
你喜欢穿：西装□   休闲西服□   夹克衫□   运动衫□   牛仔服□
          其他休闲服□   制服□   立领学生装□
你喜欢西服的面料是：纯毛□   毛混纺□   仿毛化纤□   灯芯绒□
你喜欢西服的颜色是：黑色□   深藏青□   白灰色□   深橘黄□   白色□
                    黑底条纹□   深蓝底条纹□   深橘黄底格子□
                    请填其他颜色_____   上下装同色□   上下装不同色□
你穿西服套装：打领带□   经常换领带□   每天换领带□   有红底色的领带□
你喜欢哪种西服款式：平驳头西服□   双排扣戗驳头西服□
                    二粒扣□   三粒扣□   四粒扣□
你购买西服的价位一般为：100元以下□   300元左右□   400元左右□   500元左右□
                        600元左右□   700元左右□   800元左右□   900元左右□
                        1000元以上□   2000元左右□   3000元以上□
其他服装的价位：大约为_____元左右的。买服装看重品牌□
裤子喜欢：牛仔裤□   西裤□   休闲裤□   运动裤□
                            问卷送回时请领纪念品
```

4. 情报收集调查法

设专人收集与服装有关的杂志、报纸上发布的服装新产品图片；在服装周、服装节、博览会、交易会、服装新闻发布会上，对时装展示进行拍摄；收集在电影、电视剧中出现的新款服装；收集国外来样加工的贴牌服装。然后把收集来的各种服装资料加以整理，进行分析，在它们的基础上进行再创作。

三、市场预测

服装市场预测是对未来一定时期内服装市场的供求变化规律进行分析和判断，是建立在科学、系统的调查内容和方法之上。市场预测方法也较多，下面介绍的是以行业历年的销售统计和企业的产量为依据进行的定量预测。

1. 服装市场需求预测

作为一家服装生产企业，难以得到全行业历年来各种服装的销售统计数字，所以较难对整体的服装市场需求进行预测。然而，本公司的需求量（即可能订货数）是可以预测的。可以将前五年的每年销售量排列成一张表，由〔（当年销售量－上年销售量）/上年销售量〕×100%，算出前四年的年增长率，然后再算出平均增长率，根据平均增长率就可以得到下年度的市场需求预测，见表2-4。

表2-4 市场需求预测表

年 份	销售量（件）	年增率（%）
2006	500000	—
2007	550000	10
2008	594000	8
2009	653400	11
2010	712206	9
2011（预测销售量与年均增长率）	779800	9.5

2. 服装市场供应预测

服装市场供应预测和市场需求预测一样，企业只能根据历年来的产量进行预测。一般情况下，供应量总是大于需求量，所以预测供应量的时候，还应考虑各款服装的库存量。库存量增大，就应把产量降低，可将上一年的供应量减去上一年的库存量得到当年的安排产量。当然，预测时还应考虑市场的具体情况，以得到更为准确的预测，较好地安排生产，最恰当地满足市场的需求。总之，要保证在市场需求的情况下，尽量降低库存量。

3. 服装市场环境预测

服装市场环境的预测，应充分考虑扰乱规范市场的不正当竞争行为以及国外服装市场、贸易形势等的变化造成的影响。由于服装市场打击伪劣产品力度不够，一些无证、无品牌的小厂常常会生产伪劣服装产品，从而扰乱正常的市场；有时还会因国外贸易壁垒而在市场上出现大量的"出口转内销"产品，严重影响了规范的市场秩序；另外，国际纺织品市场环境也必须预测，如哪些国家或地区和我国发生了贸易摩擦，哪些服装品种又受到了哪些进口国或地区的限制，又出台什么苛刻的进口法规等。如果不注意这些国际贸易信息，往往会造成严重的损失。

4. 服装流行趋势预测

服装流行趋势的预测，一要以市场调查为依据，二要由设计、面料、色彩等方面的专家共同预测。这样才能做出较准确的预测以适应潮流，开发出适销对路的服装产品，同样的道理也适用于出口服装。当然，出口服装还要研究进口国的民族、民俗、服装文化。我们可以把历年来外商来样加以研究，找出其中的变化规律，预测其流行趋势，主动开发出样，争取国外客户订货。

以上市场调查和市场预测都是开发新产品的前期工作，不仅不能忽视，而且是必不可少的，不然就是"闭门造车"，必然以失败而告终。

第二节　计算机技术在服装企业中的应用

计算机是高效便捷的计算、设计以及信息处理与管理工具，随着计算机技术的日趋成熟和完善，已经广泛应用在服装企业的各个领域，尤其随着数字图像技术的发展，计算机平面设计软件已成为现代服装设计师实现设计意图的主要手段。

一、平面设计软件在服装设计中的应用

平面设计软件是一系列计算机设计软件的统称。随着它在设计界不断被广泛应用，服装产品的开发设计也从传统的手绘设计逐渐被现代的计算机设计所替代，它在服装设计领域扮演着越来越重要的角色，任何复杂的图形和需要耗费时间的工序通过计算机操作都能轻而易举地解决，而且在设计的过程中，设计者还可以不断地进行修改和复制等工作，大大提高了产品开发设计的效率，有效降低了设计成本。另外，平面设计软件非常普及和易学，对设计者的绘画基础要求也不是很高，只要经过专业的设计操作培训都能运用各种设计软件进行不同类型的服装设计工作。平面设计软件大致可以分为四类：图像处理软件、图形处理软件、组版软件和其他相关软件。其中图像和图形处理软件在服装产品设计各个方面的应用最为广泛。目前比较流行的服装设计软件基本可以分为两类。

（一）图像处理软件 AdobePhotoshop

目前最流行的服装设计图像处理软件就数 Adobe 公司的 Photoshop，行业中大家都简写为 PS。Photoshop 在图像处理方面的功能十分强大。图像处理是对已有的位图图像进行

编辑加工处理以及运用一些特殊效果，其重点在于对图像的处理加工。此外，Photoshop 学习起来也十分容易上手，成为服装设计师们最常用的绘制服装效果图软件。它的主要特点是：能方便地进行图像、色彩和形状的选定、编辑、复制、剪切和拼贴等工作。从而使服装设计师能对所获得的图像资料（如时装表演、时装展示图片等）进行理想化的修改与调整，同时也能对某些图像进行"为我所用"的处理，如将某些图片中的服装款式、面料、色彩、配饰等进行更换或调整，可以达到不露痕迹的逼真效果。Photoshop 的另一个强大功能在于其"过滤器"（也称滤镜）。任何形式的图形与图像一经滤镜处理，便可生成其他意想不到的新的视觉效果。同时，Photoshop 其他的功能模块如路径、通道、蒙板及图层等工具，也能进一步地对图形、图像进行加工，从而使服装设计师的效果图显现出某种个性化的趋向。另外，Photoshop 同时也是一个重要的输入平台，它可以接驳如扫描仪、Photo CDs 以及数码相机等外置设备。服装设计师的许多重要的作品与资料可以通过这个平台进行输入与整理，并利用 Photoshop 的工具进行加工。见图 2-1、图 2-2。

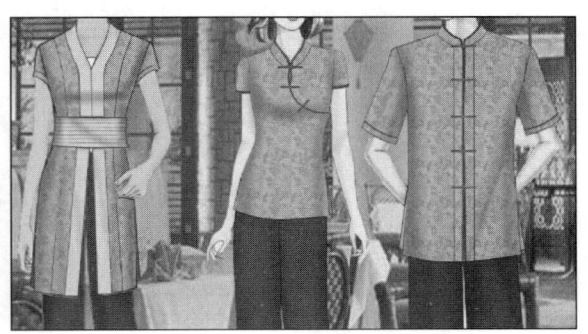

图2-1　计算机扫描面料　　　　　　　图2-2　采用扫描面料图像设计的图稿

（二）图形绘制软件 Illustrator、CorelDRAW、CorelPainter

图形绘制软件也就是通常所说的矢量图软件，这类软件比较多，常用的有 Corel 公司的 CorelDRAW、CorelPainter 和 Adobe 公司的 Illustrator 这三个软件，其界面的主要功能基本一致，在效果处理上各有优劣，都是非常经典的矢量图编辑软件。一般的服装设计或是平面制作人员，只要能够熟练地掌握和应用其中一款就足够了。

1. Adobe Illustrator

Adobe Illustrator 软件，业界简称 AI，是 Adobe 公司专门用作图形创作的软件之一。与 CorelDraw 类似，它也是一款矢量图形软件，并且与 Adobe 公司其他设计软件如 Photoshop、Primiere 及 Indesign 等软件可以良好的兼容，在专业领域优势比较明显。其强大的功能和体贴用户的界面已经占据美国 MAC 机平台矢量软件 97% 以上的市场份额。AI 在效果和兼容性方面均超越 CorelDRAW，而且操作界面等同 PS，虽然 AI 和 CorelDRAW 都属于矢量编辑软件，但使用过 Illustrator 后都会发现，其强大的功能和简洁的界面设计风格只有

Freehand 能相比。特别是在服装图案设计方面，AI 的优势非常明显。由于同为 Adobe 公司的产品，AI 和 PS 能够较好地兼容，AI 含有和 PS 类似的滤镜，方便创作各种效果。另外，AI 的笔刷也相当丰富，各种艺术画笔能够模仿油彩、水彩、铅笔、钢笔等效果。AI 是矢量软件，图片几乎可以无限放大或缩小，便于出版和印刷，不用担心画布不够大、像素不够高的问题。见图2-3。

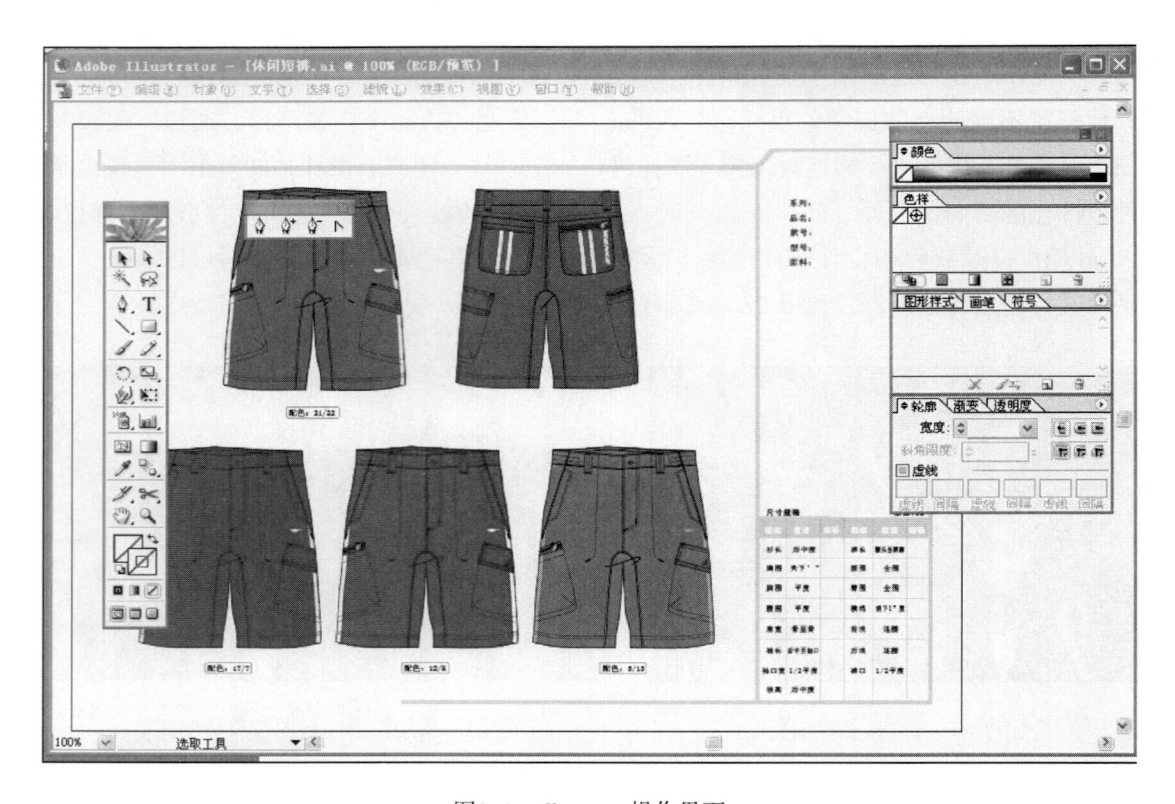

图2-3　Illustrator操作界面

2. CorelDRAW

该软件全称为 CorelDRAW Graphics Suite，是由加拿大著名的图形图像处理软件公司 Corel 出品的一款著名的矢量图形处理软件。其非凡的设计能力广泛地应用于商标设计、标志制作、模型绘制、插图描画、排版及分色输出等诸多领域。具体到服装设计方面，CorelDRAW 最初常被广泛用来绘制各类服装款式图，现被广泛运用于服装设计领域中的款式设计、面料花型设计、图案设计、各类辅料设计、商标吊牌设计等各个方面。其特点主要集中在图形绘制、图形处理与图形修整功能上。它可对服装设计师的任何矢量图形的设计作品进行进一步的处理与加工，也可以生成矢量图形的时装效果图（利用 CorelDRAW 工具箱中的"自由手"以及"贝塞尔"等绘图工具及其他相关工具）。同时，利用这个软件也可以进行服饰图案的设计。另外，CorelDRAW 这款软件的最大优点在于其极为便利的操作性。其界面风格以及菜单设置非常适合服装设计人员操作，且易学、易会、易用，

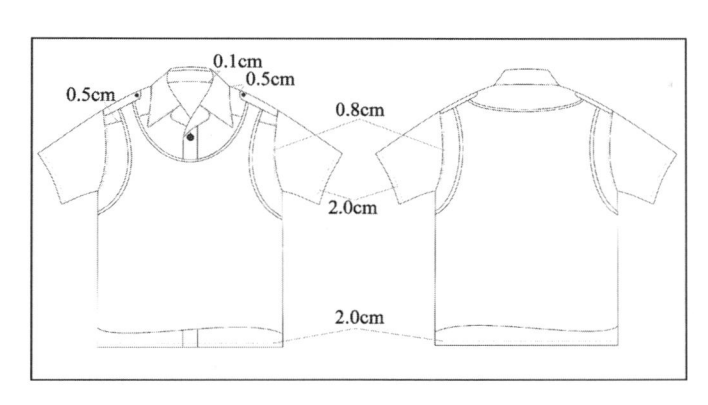

图2-4　用CorelDRAW设计的款式图

图2-5　CorelDRAW效果图设计

可以说是一个非常实用又容易上手的软件。见图2-4和图2-5。

3. Painter

"Painter"一词的译文是"画家",又称"自然笔",时尚插画家都采用Painter作为服装设计软件,以期更好地表达服装设计创意。与CorelDRAW一样,Painter是Corel公司旗下的另一款声誉较高的图像处理软件。它的作图功能非凡、绘图工具箱庞大,变形、着色效果和滤镜效果使其作品极富艺术创造力和感染力。对于服装设计师来说,它可能使设计作品具有乱真的手绘艺术效果。首先,该软件配备了众多的纸张效果的选择,设计师可根据自己的喜好选择任何一种自己感兴趣的绘图纸;其次,它的绘图工具中,画笔的选择也是种类繁多(如钢笔、铅笔、粉笔、蜡笔、炭笔等,也可以自定义任何画笔);再次,其强大的笔刷、蒙板、图层及滤镜功能可以生成任何一种绘画工具的视觉效果与肌理,从而使其完全可以产生人们想象得到(以及难以想象)的绘画表现效果。见图2-6、图2-7。

总之,在服装和平面设计领域,图像、图形、文字是三种基本元素,对三种元素的操作方面,不同的软件各有千秋。不过对于任何一位设计人员来说,熟练掌握一个图像处

图2-6　用CorelPainter软件设计

图2-7　用CorelPainter软件设计的效果图

理软件（Photoshop 是不二的选择）和一个图形绘制软件（CorelDRAW、Illustrator）都是必需的。严格地说，有了好的创意和扎实的手绘基本功还不能成为优秀的设计师，只有娴熟地掌握设计的各种辅助手段——包括制作各类现代效果的效果图，才能真正迈进设计的大门。

另外，要想从事服装计算机设计这个职业，就不要拒绝对任何软件的学习，比如有的人习惯了使用 Illustrator，就觉得所有软件都不如这个好用，所以就对别的软件有排异心理，这样就很容易钻到一个死胡同里，而提早结束自己的设计生涯。

二、服装CAD/CAM系统在服装企业中的应用

CAD 是 Computer Aided Design 的缩写，即计算机辅助设计；服装 CAD/CAM 系统是应用于设计、生产、管理、市场等各个领域的现代化高科技工具。由于使用 CAD/CAM 系统可以加快新产品的发展速度，提高产品的质量，降低生产成本，使用户在设计、生产以及加速对市场的反应能力方面有很大的提高，所以 CAD/CAM 系统是企业提高自身素质、增强创新能力和市场竞争能力的有效工具。服装 CAD/CAM 系统由两部分组成，即软件系统和硬件系统。其中，软件系统通常主要由操作系统软件和 CAD 应用软件两部分组成；而硬件通常包括工作站计算机和外部设备。

（一）服装 CAD 的硬件系统

工作站计算机即人们经常说的"计算机"，在整个 CAD 系统中充当大脑的角色。外部设备，通常简称"外设"，在典型的服装 CAD 系统中，一般包括绘图仪、数字化仪、大容量外部存储设备、打印机、扫描仪和数码相机等，它们相当于人的五官和四肢。借助这些外设，服装 CAD 的使用者可以将样片、图像输入计算机进行处理；并将计算机生成的款式图、样片图排料图等用不同方式输出。例如，数字化仪可以将手工形成的衣片轮廓输入计算机，设计师可以利用软件对其进行修改，还可以推档、排料，并通过打印机或绘图仪将结果输出到纸张上。见图 2-8、图 2-9。

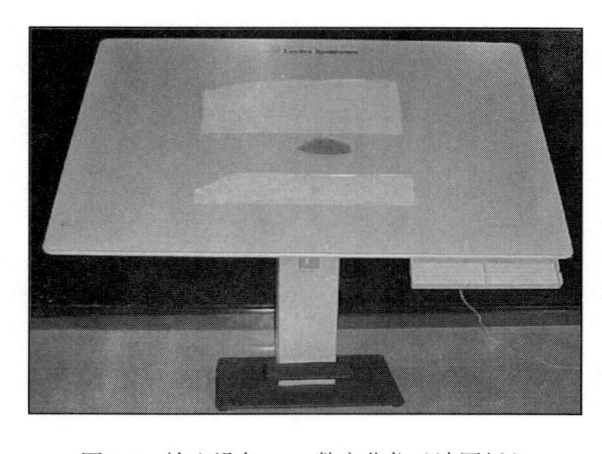

图2-8　输入设备——数字化仪（读图板）　　图2-9　输出设备——绘图仪（切绘一体型）

（二）服装 CAD 的软件系统

CAD 应用软件是服装 CAD 系统中的核心，它根据服装行业的特征和需求经专业软件开发人员通过软件编程形成。服装设计师利用 CAD 软件所提供的丰富功能，在计算机上可以完成传统手工服装设计的全部过程。目前，商品化的 CAD 软件系统大多包括以下功能模块（或称"子系统"）：服装款式设计（FDS，Fashion Design System）、服装样板设计（PDS，Pattern Design System）、样板推板（Grading）、排料（Marking 排唛、马克排板）、电脑试衣等。

1. 服装CAD款式设计系统

服装款式设计系统和电脑试衣系统都是计算机图形、图像技术和服装艺术相结合的产物。服装款式设计系统是利用鼠标或光笔在屏幕上利用软件提供的绘图工具直接绘制时装画和款式图，该类型的软件通过输入方式，计算机内部可以储存大量的模特及部件库，通过 CAD 软件，不但可以使用各种画笔工具来描绘效果图，还可以把面料通过扫描替换到效果图上，而且使用复制、粘贴等工具可以很方便地对图样做出修改，甚至最新的软件可以使用曲面工具来建立类似照片的真实效果（又称为三维设计）。这样在没有生产前，人们就可以看到这件衣服的大概效果了，不但提高了效率，还可以节省产品开发的成本。见图 2-10。但此项技术尚不成熟，生成逼真的款式图会受到各种条件的限制，大多不尽如人意，尤其面料的变换更是如此。而且，即使个别优秀的软件理论上能够设计出精美逼真

图2-10　富怡纺织服装图艺设计系统

的款式图，但这要求设计师有极高的素质，即便如此，设计的周期也往往很长，根本无法满足一般企业的生产需求。所以，这种类型的软件一般被作为辅助性的工具使用，或主要应用在竞标订单较多的企业中。试衣系统与款式设计系统面临的问题大致相同，没有成熟且行之有效的技术作为基础，其应用效果不佳。

2. 服装CAD样板设计系统

样板设计是服装设计的重要环节，不同服装 CAD 系统中，该部分的主要功能基本相同，即利用鼠标、光笔或数字化仪代替画笔，利用显示器代替纸进行设计。一般计算机辅助样板设计系统都提供了丰富的绘图工具，如直线、曲线、记号、省、褶、弧线、缝份等，通过选择相应的绘图工具，输入诸如长度等数据信息，或直接通过鼠标按钮的点击和拖动即可在屏幕"画出"设计师所需的样板元素。在传统手工操作中非常繁琐的开褶、省转移、放缝、曲线长度测量等在计算机样板设计系统中变得异常轻松，短短几秒钟时间就可完成，且精确度极高。见图 2-11。

尽管样板设计系统在诸多方面提高了工作效率，但计算机机仍然无法捕捉设计师的全部思想，它无法减少样板设计中的某个具体步骤，仅仅是简化了该步骤而已。在该过程中，应用计算机技术更为重要的获益之处是计算机辅助设计的精确性，它使得设计师不再完全凭借直觉和经验进行工作，而更多依靠精确的数据，从而使服装的设计质量、工艺水准大幅度提高。

此外，借助计算机强大的存储能力，设计师还可以将设计的结果以文件或数据库的形式存储于计算机中，一般标准配置的计算机中，都可以存储百万个以上款式的样板设计稿，

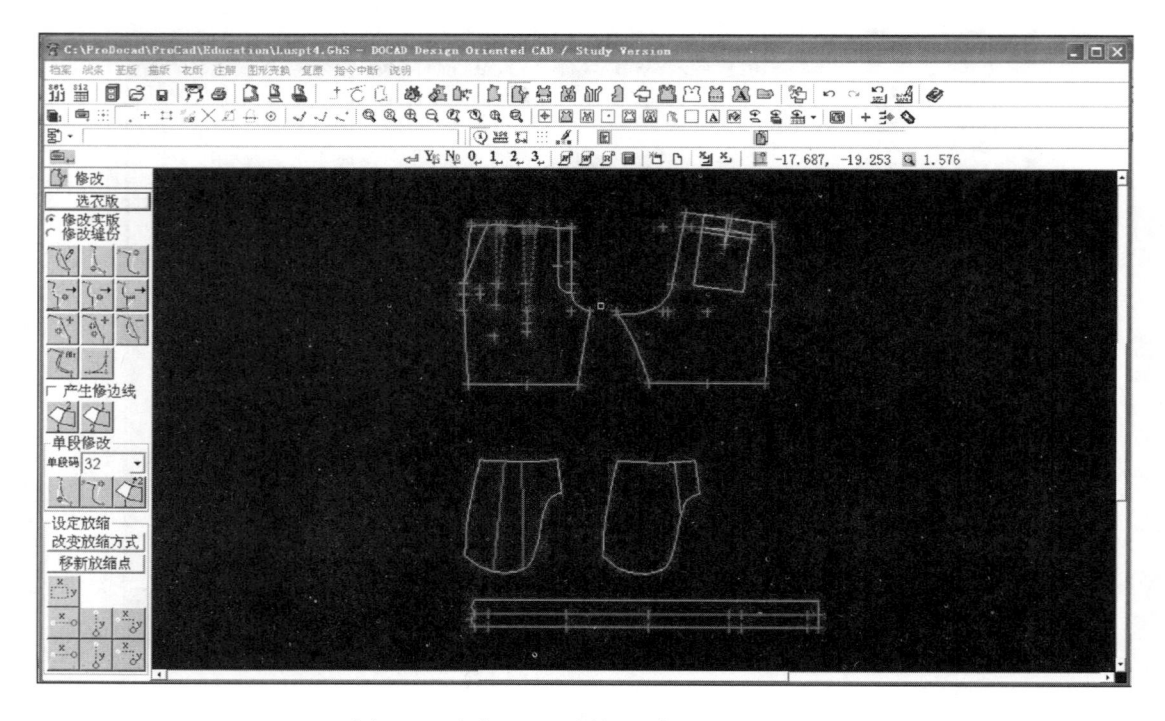

图2-11　度卡DOCAD样板设计系统操作界面

不但使得设计师不必再面对成堆杂乱的样板，设计师还可以随时将已有的样板设计打开，经过简单的修改，生成新的款式，而不必从头做起，由此极大地提高了新产品的开发速度，使计算机辅助样板设计速度真正远远超过手工设计。

3. 服装CAD推板系统

推板系统是服装CAD技术应用最早的软件产品，它充分地反映了计算机在服装辅助设计方面的优越性。对要生产大货的样板进行放缩是设计师所面临的最为繁琐枯燥的工作，也是传统手工服装设计过程中最为费时的一个环节。大量重复性的计算都要靠人工完成是极易出错而且极为耗时的。服装CAD利用计算机的高速运算能力和无与伦比的精确性，基本上解决了这一长期困扰企业的问题。

计算机辅助推板同手工推板的原理基本相同，比较流行的有"点推板"、此外还有"切开推板"和"尺寸表推板"（即自动推板）。不论哪一种方法，都比传统的手工推板更加科学，其效率和精确度也更高。借助于计算机进行推板，使得以前用天来计算的工作量，现在可以用分钟或秒来计算，是计算机辅助设计提高生产力最典型的例子。见图2-12。

4. 服装CAD排料系统

CAD排料系统是计算机辅助设计另一种典型的应用。系统排料方式可分为"人机互排式"和全自动排料两种方式。

（1）所谓的"人机互排式"是指计算机不断将当前的工作结果或状态告知操作人员，操作人员将根据这些信息利用软件工具不断调整排料方法，最终达到理想利用率。具体讲，排料师首先确定面料门幅的大小，然后，通过软件自动收集参加排料的样板，计算机将全

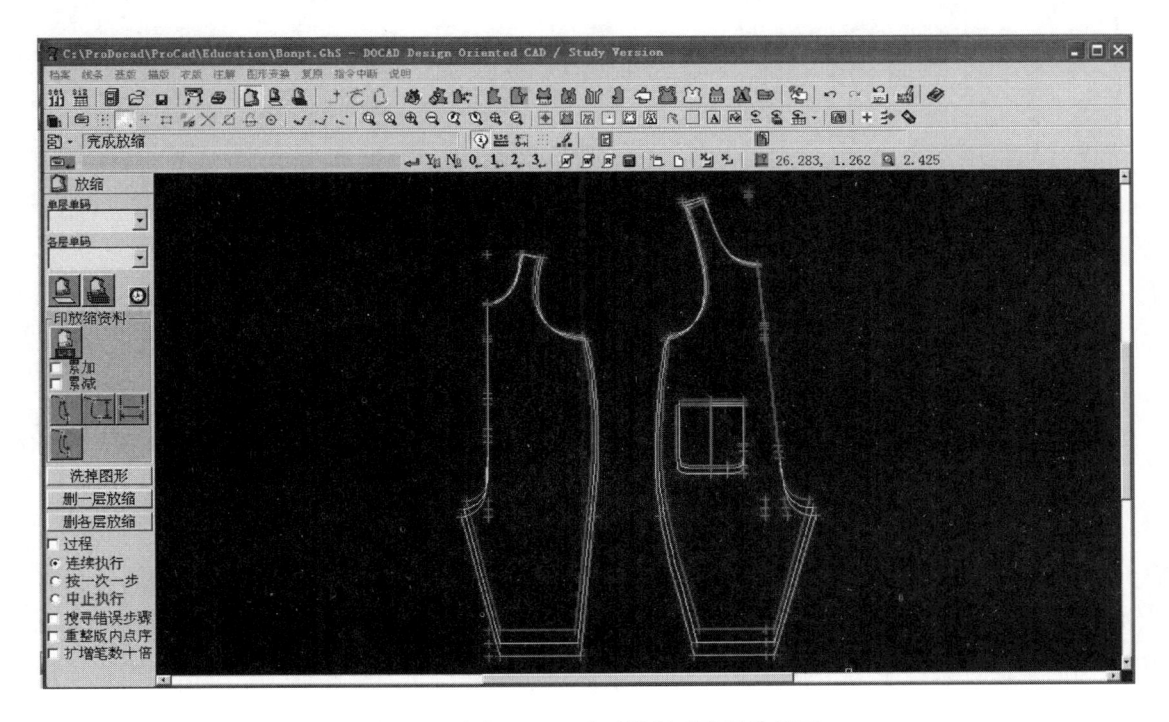

图2-12　度卡DOCAD自动推板系统操作界面

部参排的样板按照排料人员设定的方式显示于计算机的显示屏上，排料人员通过鼠标拖动样板图，配合旋转、切片、重叠、测距、对格等工具进行排料。它实际上完全模仿了人工排料的过程，只是排料人员不再需要在十多米的裁床上奔忙，而是端坐在计算机前轻松完成工作。并且，在计算机排料的整个过程中，计算机随时向排料人员显示当前的排料利用率，排料人员可以随时调整每个衣片的位置、角度，反复排样进行优化，从而比传统的手工排料更容易提高面料利用率，进而降低成本。

（2）CAD自动排料是指通过复杂的数学方法，利用计算机自动计算全部样板不同排列方法的面料利用率，并自动选择最佳的排列方式。该方法不需人工参与，几乎全部的排料工作均由计算机自动完成。但是，由于计算机自动排料的面料利用率一般都不是很高，始终无法达到有经验的排料人员的面料利用率，所以说该种排料方式仅能作为辅助性的工具使用。见图2-13。

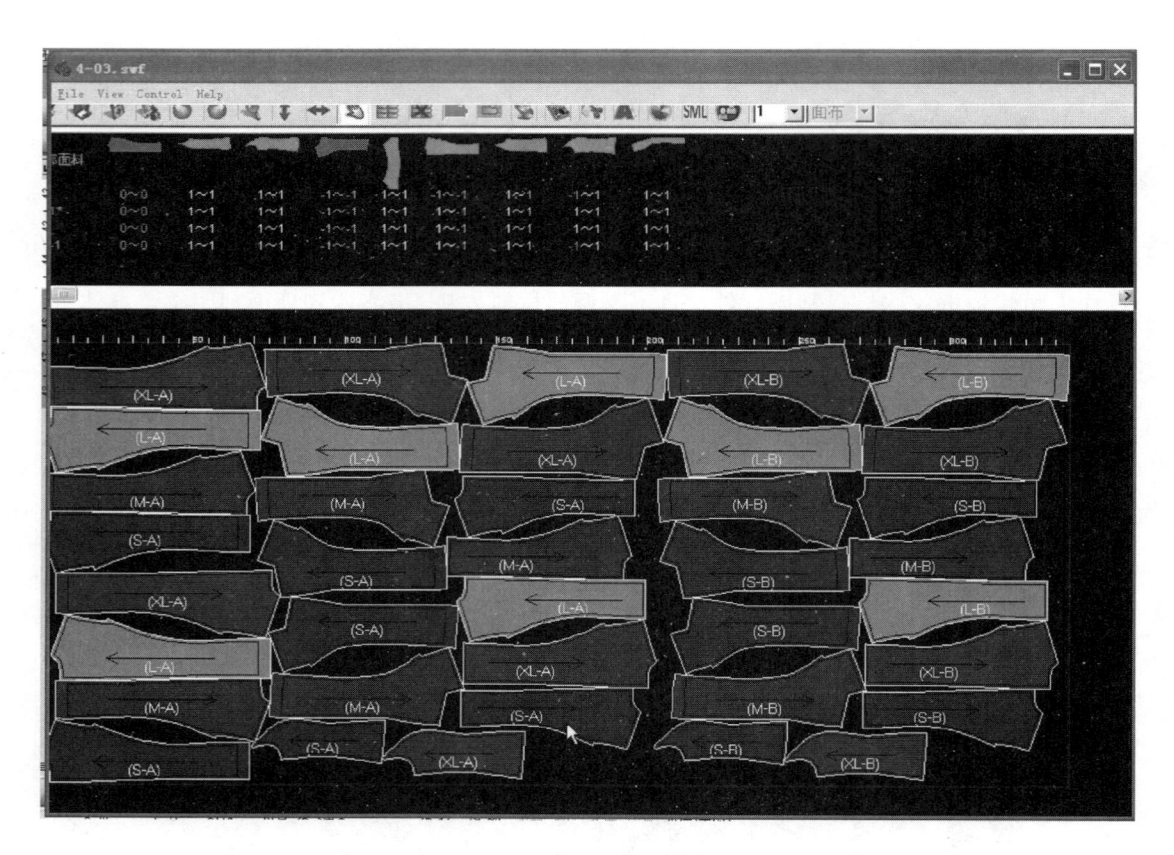

图2-13　博克BOKE智能服装CAD排料系统操作界面

在完全满意的情况下，系统排料的结果可以通过绘图仪直接输出排样图，或者通过裁床裁剪样片。后者投资巨大，已经属于计算机辅助制造范畴。通常为节省投资，企业大多选用的是通过大型绘图仪输出1:1的完整样板，或者通过小型绘图仪分次输出样板拼接使用，从而进一步降低成本投入。

在以上服装 CAD 软件系统的各个组成部分中,样板设计、推板、排料这三个模块通常共同构成一个整体,共用数据,形成类似于流水线的操作方式。某些软件系统可以将排料部分和其他两个模块分解在不同的计算机中,利用计算机网络实现数据共享,从而达到分工协作的目的,提高生产力,并降低投入。而款式设计系统和试衣系统通常独立于其他模块,最多在样板设计中可以引入款式图参与而已。一些客户认为款式图一经生成就可以自动形成样板是不科学的。

(三)服装 CAM

CAM(Computer Aided Manufacturing,计算机辅助制造)的核心是计算机数值控制(简称数控),是将计算机应用于制造生产过程的系统。通过计算机分级结构控制和管理制造过程的多方面工作,并根据一个总体的管理策略控制每项作业。狭义的 CAM 概念指的是从产品设计到加工制造之间的一切生产准备活动,它包括 CAPP、NC 编程、工时定额的计算、生产计划的制订、资源需求计划的制订等。服装 CAM 是指应用于服装工业中的 CAM 系统,比如衣片裁剪 CAM 系统、缝纫吊挂 CAM 系统、成衣整烫 CAM 系统等。见图2-14、图2-15。

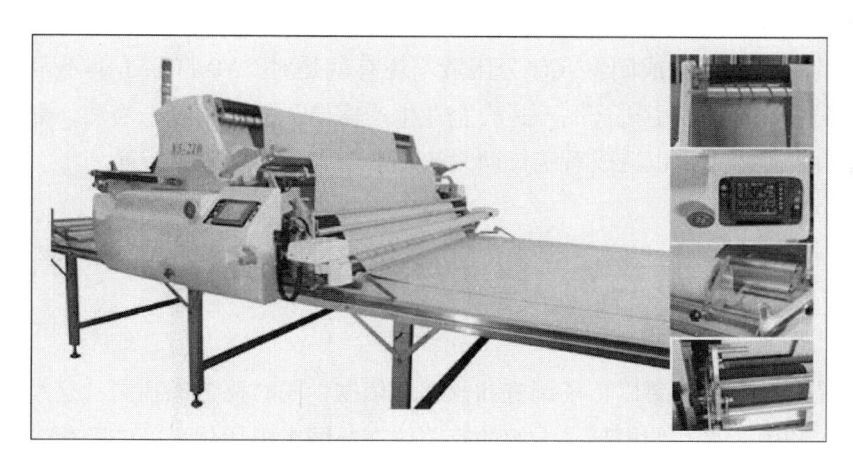

图2-14　预松型拉布机,使自动对边、验布同时进行

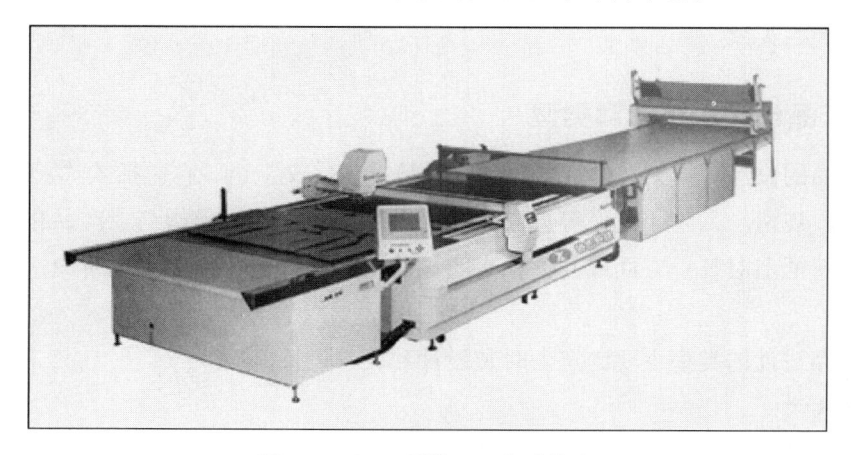

图2-15　CAM系统——自动裁床

(四)选择服装 CAD 应该注意的问题

目前,国内市场上常见的并较为成熟的服装 CAD 系统有 20 多家,其中国外系统进入中国市场较早,具有一定的市场占有率和较高的市场知名度。而近几年来,国内也纷纷推出一些非常有竞争力的软件产品,并以其自身特有的优势逐渐占领市场。选择国内还是国外软件产品的关键在于其实际应用价值而不在于是"国内"产品,还是"国外"产品。一般来说,国内服装 CAD 系统软件主要有航天 Arisa、日升天辰、爱科 ECHO、博克智能 CAD、富怡等,它们的适应性和亲和力较好,硬件的通用性和灵活性较高,性价比高,与国外系统比较,适用于中小型服装企业;国外服装 CAD 系统中,法国力克 Lectra、美国格柏 Gerber、加拿大 PAD 和度卡 DOCAD 等系统在国内应用较多,它们的可靠性和稳定性较高,硬件的先进性和配套性较好,适合于发展势头较好的中大型企业。

在已经引入 CAD 系统的企业中,有成功的经验,但也不乏利用率低、盲目引进的例子,许多引进项目均未能达到设计标准。究其原因,主要有以下几点:引进系统目的不明确、对系统缺乏客观科学的认识,或者过高估计系统的能力,导致对引进的系统缺乏信心,造成闲置;配备人员素质偏低,造成系统始终无法充分发挥其生产力,从而打击了企业进一步消化吸收的积极性,造成闲置或部分闲置。还有就是对 CAD 产品了解不全面,加之部分销售商的误导性宣传使引进产品不适合企业生产需要,造成闲置。当然,部分销售商缺乏完善的售后服务体系,也造成系统长期无法正常工作,最终造成闲置。

第三节　服装产品设计与开发

服装产品设计,不仅要以市场调查和预测为依据,同时要考虑我国社会经济的发展情况、人们收入和生活水平的提高、人们的衣着仪态与城市现代化程度的变化,还要考虑着装的潮流与个性化,将着装的舒适性与装饰性相结合,从而设计出优秀的服装产品,以诱发人们强烈的购买欲。

一、服装产品设计的概念和类型

服装产品的设计,狭义上是指服装款式设计。从广义上讲,它包括款式、结构、性能、材质、配色、规格、工艺、制作等方面的设计。所谓新产品,是指与老产品相对而言,在设计要素的特征上对某一方面或几方面有明显的改进和创新,使之更加时尚,更受消费者的欢迎。

服装产品设计的类型主要为定做时装设计和成衣设计。

1.定做设计

为某些穿着讲究,突出个性的消费者进行量身定做的设计。定做设计的服装更合体,更能突出个人体型的优点，扬长避短，以体现自己的仪态美，也表现自己与众不同。随着我国经济的快速发展、人们的生活水平不断提高，人们对服装款式的要求更趋个性化，随之以"服装设计工作室"为名的量身定做单位也在我国一二线城市快速兴起，方兴未艾。

2. 成衣设计

成衣设计是指针对社会不同群体，根据目标市场的人群定位进行的设计，适合工业化批量生产。

二、服装新产品开发的主要方法

服装新产品的开发是一项创造性较强的工作，其难度较大、过程较为复杂，需要掌握一定的方法才能较好地完成此项工作，其主要方法有以下三种。

1. 自行开发

自行开发是一种独创性的开发设计，根据国内外服装动态、趋势和市场需求，针对本企业的产品特色，进行改进、创新，以增强企业的竞争力和生命力。

2. 引进开发

企业开发某种主要产品时，国际市场或国内市场已有成熟的技术、艺术可以借鉴，为了迅速掌握这种产品的制作技术（如全棉免烫衬衫），可通过正当的途径加以引进，一方面可以打破垄断；另一方面可以满足市场需求。但在引进（特别是从国外引进）时应该注意引进的代价和附加条件，还有市场前景，尽量降低风险，避免得不偿失。由于引进开发的投资较大，依赖性较强，所以不适宜将引进开发作为企业的长期方针。

3. 自行开发与引进开发相结合

在对引进技术已充分消化的基础上，与本企业的开发能力相结合，充分发挥引进技术的作用，以推动本企业的设计开发能力，取得更好的效果。其优点是投资少、见效快、产品新。

三、服装设计师应具备的能力

服装是人类的第二层皮肤，人的具体形象需要通过服装才能得以完整地呈现。服装设计师必须具备完整、丰富的专业知识和实践操作能力，才能设计出满足消费者生理和心理需求的服装。作为一名服装设计师，所应具备的能力大致概括为以下几个方面。

（1）具备较强的借鉴吸收能力，能对各种流派大师的作品进行吸收和消化，并能承前启后，独树一帜，学会站在巨人的肩膀上进行改进创新。

（2）掌握手工和计算机绘制设计图的能力，以利于工作效率的提高。

（3）掌握打板和工艺制作等方面技能，具有较强的实践能力。

（4）熟悉国家号型标准，具备选用号型、编制规格表的经验。

（5）掌握准确的市场调查方法和敏锐的市场预测能力。

（6）具有完整的知识结构，掌握诸如服装学、服装设计学、色彩学、服装材料学、服装画技能、民族学、民俗学、中西服装史、服装标准化、服饰搭配、服装心理学等专业知识。

四、服装新产品设计的过程

服装新产品设计是新产品开发的一个最重要的也是基础性的环节，其具体过程包括以下几个方面。

（1）研究通过市场调查收集的资料进行市场预测。

（2）根据市场调查和预测，确定设计的方向和主题，再在其基础上进行构思、创作。

（3）绘制服装款式图，要求效果逼真，能从正面、反面体现清晰的结构效果，见图2-16。

图2-16　服装款式图

（4）根据款式图进行样板制作，再根据设计要求选用不同色彩、不同材质的面料进行试制。

（5）模特试穿样衣，根据情况可对样衣进行必要的修正。

（6）由评审组（一般由公司内部的设计师、业务部负责人、品管部主管、公司总经理组成）对样衣进行评审定稿，见表2-5。之后，由总经理批准。

表 2-5　新产品开发评审定稿表

产品名称		款式特征	
适合人群		商　标	
设计人		制作人	

1. 款式效果　　　　好（　）　　　一般（　）　　　不好（　）
2. 色彩或花色效果　好（　）　　　一般（　）　　　不好（　）
3. 材质效果　　　　好（　）　　　一般（　）　　　不好（　）
4. 试穿效果　　　　好（　）　　　一般（　）　　　不好（　）

同意打√

评审定稿意见：

评审人（签名）：_____
批准人（签名）：_____

年　月　日

（7）最后由技术部打样组打出正式样，一般为一款多件。

五、服装新产品推向市场

新产品一旦开发完成，业务部应立即通过各种方式将有关新产品的信息传播出去，使新老客户能在第一时间获得信息，为新产品的市场开拓做好充分的宣传和准备工作。

（1）以彩色照片或画册的形式向国内外客户发送信息。

（2）通过互联网发布新产品信息。

（3）在服装平面媒体上发布新产品信息，例如《时装》、《上海服饰》、《时尚》等。

（4）将新产品放置在公司样品间醒目的位置进行展示，以供订货商选择。

（5）对外召开新产品的时装发布会。

（6）将新产品通过本公司各地的商场专柜和专卖店展出，小量试卖，并收集销售反馈信息，见表 2-6。

表 2-6　销售信息收集日报表　　　　　　年　月　日

年龄段	身　份	款　号	花色号	面　料	销售量	销售者意见

第四节　承接订单

承接订单对于服装生产型企业来说尤为重要。在现今市场竞争越来越激烈的情况下，业务部应该充分发挥企业的资源优势，千方百计开拓订单渠道，使企业始终保持满负荷生产，以获取最大的经济效益。

一、开拓订单的渠道

服装生产企业应有敏锐的市场触觉，积极开拓各方面的订单渠道，并建立起长期、稳定的关系，以满足生产需要。开拓订单的渠道主要有以下几个方面。

（1）保持与老客户的联系，主动介绍产品，征求订单。

（2）参加各种形式的服装周、交易会、服装节、博览会、订货会，全方位地接触新客户，多渠道地征求新订单。

（3）通过服装进出口公司承接订单。

（4）通过服装贸易公司承接订单。

（5）通过互联网寻找客户并承接订单。

二、订单分析

接到订单后，不应忙于签约，应综合考虑各方面的因素。特别是对于新客户，一定要对其进行各方面的考察和分析，以防产生不必要的麻烦或亏损，订单分析可从以下几个方面着手。

1. 查询客户

在国内外客户中，会出现一些不讲诚信甚至进行诈骗行为的客户。为杜绝此类事件，作为供货生产企业，当接到陌生的客户订单后，应首先对其真假资格进行核查。国内客户，可以通过客户所在地的工商行政管理部门查询；国外客户可以通过省级外事外贸部门查询，数额巨大的可以通过省有关部门与我国驻外机构查询。

2. 技术分析

技术分析是指对本企业所拥有的技术资源能否满足订单的需求进行可行性分析，主要包括以下三点。

（1）分析原辅材料及其品质要求（包括染料中的有害物质指标）能否达到客户的标准。

（2）分析现有技术工人的技术水平能否满足该产品的技术要求。

（3）分析目前的设备性能是否能满足该产品的技术要求，如果不能，添置新设备是否值得。

3. 交货期的分析

一般能独立接单的服装企业都为中大型企业，手中同时有几个或十几个订单，当新的订单进入，相关责任者必须综合分析本企业和协作企业的产能以及订单的生产排期，作出有把握按期交货的评估，切忌盲目接单而引起的超期索赔。按期交货，对国外客户显得格外重要，要通过科学计算，与客户达成合理的交货共识，不能因违约而丧失诚信。

4. 价格分析

因国内服装企业竞争激烈，常常相互压价，往往受损失的是企业本身，所以必须制定利润底线，保证企业的利益。出厂价由下列要素组成：①产品材料费用（含包装材料）；②制造费（包括人工费、能源费、设备折旧费）；③管理费；④增值税；⑤利润（一般不少于10%）。

对以上各成本费用进行综合测算后，就可以向客户报价。运输费用另算，如果在本地口岸交货，可以算出离岸价，如果到对方口岸交货，可以算出到岸价。

三、谈判

双方报价后，要进行谈判，以达成共识。谈判应本着以下原则进行：

（1）以诚信为本，互惠互利。

（2）以礼相待，不亢不卑。

（3）全面、深入地了解对方背景（包括进口国相关的法规、标准、消费档次、价位），灵活处理。

（4）不打价格战（坚守本企业的利润底线，不参与竞相压价，以质量承诺取胜）。

四、签约

合约的格式多种多样，如表2-7所示。通常的内容有以下几点：

（1）要有合约号（或订单号）、款号、规格、花色号、数量、价格、总金额。

（2）应注明质量标准和交货时间。

（3）要严格、准确注明付款方式。

（4）违约责任要明确合理，以免引起争议。

（5）合约一式两份，甲乙双方各执一份。

（6）外单须中、英文并用。

（7）合约自签字之日起立即生效。

表2-7　订货合约

咖啡猫制衣有限公司订货合同

甲方：咖啡猫制衣有限公司
乙方：海滨市服装大卖场　　　　　　　　　　　　　　　　　　合约号：__110136__

品名	款号	色号	规格	数量	单价	金额
合计	总金额（大写）				小写	

质量标准：以产品首样为标准。
付款方式：预付货款30%，货到对方后，一周内付清货款。
交货日期及地点：2011年6月10日在宁波货运中心交货。
违约责任：质量不达标，乙方可以退货。甲方迟发货一天付违约金5000元，迟发货一周付违约金5万元。乙方在货到一周后迟付货款一天付违约金5000元，迟一周付款付违约金5万元，以后每迟一天增付一万元。以此类推。
此合约一式两份，甲、乙双方各执一份。
此合约自签字之日起立即生效。
甲方代表_____　　　　　　　　　　乙方代表_____

（单位公章）　　　　　　　　　　　　　　　（单位公章）

2011年4月28日

五、订单生产计划排期

　　一个有规模的服装生产企业，一般都能独立接单，而且接订单的渠道很多，如在网上接订单、参加广交会、参加北京服装周，还有参加全国各城市举办的"服装节"、"交易会"、"博览会"以及与外商的主动联系等。企业应根据订单的大小、交货期、制作的难易、货值等因素综合考虑，然后列入生产计划，排定具体的生产日期，见表2-8。这是期货销售的一种生产方式，所谓订单销售就是期货销售，我国出口服装有90%以上采用订单销售。不过这种销售大部分是贴牌服装，很少有自己的品牌，而在内销中则用自己的品牌。

表 2-8 5 月份生产排期表

签约日	客户	款号	品名	数量	材料期	裁期	缝制期	生产单位	交货期
4 月 20 日	紫罗兰	NV—11052	牛仔女裤	3000	5 月 5 日	5 月 7 日	5 月 11 日	本公司	5 月 15 日
4 月 23 日	麦德隆	N—11076	全棉衬衫	5000	5 月 5 日	5 月 9 日	5 月 16 日	本公司	5 月 20 日
4 月 28 日	乐购	N—11077	TC 短袖衬衫	6000	5 月 8 日	5 月 12 日	5 月 22 日	本公司	5 月 25 日
5 月 5 日	德国 HF	NO.11/ST	毛涤男西裤	2500	5 月 15 日	5 月 17 日	5 月 28 日	鸿富制衣	6 月 5 日
5 月 5 日	德国 HF	NO.11/ST 393-BB	免烫全棉西裤	2500	5 月 15 日	5 月 20 日	5 月 28 日	雄狮制衣	6 月 5 日
4 月 30 日	日本山村株式会社	NAO/11.306	灯芯绒西服	2000	5 月 15 日	5 月 24 日	5 月 30 日	本公司	6 月 7 日

备注：期指完成日期。
1. 紫罗兰的牛仔女裤在 5 月 13 日前完成石磨洗水
2. 麦德隆的全棉衬衫在 5 月 18 日前完成免烫洗水
3. 德国 HF 公司的免烫全棉西裤在 6 月 2 日前完成免烫洗水

总结

1. 新产品开发在服装生产企业中具有重大意义。
2. 新产品开发若没有充分、准确的市场调查作为依据，必然是盲目和不成功的。
3. 开拓订单渠道、谈判以及签约，需具有一定的技巧和原则。

作业布置

1. 开发新产品的程序和方法有哪些？
2. 怎样开拓承接订单的渠道？

应用技能与管理——

服装投产前的准备

> **课题名称：** 服装投产前的准备
>
> **课题内容：** 物料的准备
> 确认样衣与生产样板的制作
> 服装生产工艺单的编制
> 下达生产通知单和安排生产
>
> **课题时间：** 8课时
>
> **训练目的：** 使学生了解服装工业化生产投产前的准备是一个必须而又繁杂的工程，只有做好了产前准备，才能确保产品质量和生产的顺利进行；使学生熟悉投产前的准备内容和方法。
>
> **教学方式：** 播放幻灯片和教师讲述同步进行，并展示原辅料样卡。
>
> **教学要求：** 1. 使学生掌握物料采购和入库的程序及方法。
> 2. 使学生了解制作确认样衣和生产样板的程序、要领和要求。
> 3. 使学生掌握服装生产工艺单的内容和编制方法。

第三章　服装投产前的准备

投产前有大量的准备工作，主要是物料准备和技术准备。物料准备以原材料为主，在特殊情况下还要添置设备以及低值易耗的零件。原材料包括面、里料及其他辅料。原材料需要按订单采购，然后检验入库；技术准备包括给客户制作确认样衣，制作生产样板，编制工艺单。技术准备是确保大货生产顺利进行以及成品符合客户质量要求的重要环节，最后是编制、下达生产通知单及安排生产。

第一节　采购部的准备

投产前的物料准备一定要抓紧抓好，特别是生产用的原材料，稍不到位就会影响产品质量或交货时间，造成企业重大的经济损失和生产的脱节，所以物料的准备工作丝毫不能懈怠。准备的内容主要包括物料的采购、检验和入库。

一、物料的采购

物料的采购由公司采购部（也叫"供应部"）负责进行，原材料的采购应根据技术部提供的订单要货数和单件（套）用料定额计算出用料总数，再加上各种允许损耗，列出采购明细清单（表3-1），然后由采购员填写采购申请表（表3-2），经总经理审批后执行采购。采购时应遵循下列原则：

（1）内销产品应按计划采购。
（2）外销产品应按订单采购。
（3）应对供货商进行价格、质量、交期、信誉的咨询。
（4）应重视供货商的知名度、规模、设备、生产现场等情况。
（5）采购时应"货比三家"。

二、物料的检验与入库

严把原材料质量关，是控制成品质量重要的一环。通过对进厂原材料的检验和测定可有效地提高服装正品率。

面料检验包括外观质量和内在质量两大方面。外观质量检验主要是检验面料是否存在破损、污迹、织造疵点、色差等问题。经砂洗的面料还应注意是否存在砂道、死

表 3-1　采购明细清单

采购单号：										年　月　日
采购项目	订单号	排期号	品名	款号	色号	数量	单位	预期单价	需用日期	备注
咨询记录	供货厂商	品名	品牌	报价	总价	信誉承诺			交货期	裁决

表 3-2　采购申请表

编号：						年　月　日
采购理由				供应厂商	出差地点	预算差旅费
订单号	计划号	采购品种	使用日期			
						金额（大写）
						采购部经理审批
						年　月　日
						总经理审批
						年　月　日

褶印、纰裂等砂洗疵点。影响外观的疵点在检验中均需用标记注出，在剪裁时避开使用；面料的内在质量检验主要是检验缩水率、色牢度、面料克重、染料中的有害物质含量指标四项内容。在进行检验取样时，应剪取不同生产厂家生产的不同品种、不同颜色的具有代表性的样品进行测试，以确保数据的准确度。同时对进厂的辅料也要进行检验，例如松紧带缩水率、黏合衬粘合牢度、拉链顺滑程度等，对不能符合要求的辅料不予入库。

1. 原材料的数量复核

原材料在入库前应先对数量进行复核，以确保数量准确，具体的复核要求如下。

（1）依据增值税发票对数量进行复核。

（2）数量复核可采取随机抽样10%进行，如数量正确，就可通过。如有短缺，再加倍抽样复核，如不短缺，则可以通过。如果仍然短缺，应堆放一边，通知供应厂商按比例加倍补偿，或者退货。

（3）机织面料按长度计量，针织面料按重量计量。

（4）其他辅料按个、条、厘米、对、克重等单位计量。

2. 质量检验与测试

原材料在入库前的质量检验与测试，必须严格按要求进行，以确保成衣的品质，具体的质量检验与测试如下。

（1）按发票上标的等级进行核对检验。

（2）原材料均随机抽样10%进行检验和测试。对检验过的原材料按表3-3填写检验报告。

（3）面、里料可通过目测和验布机检验其外观疵点和色差。

（4）对缩率、色牢度、起毛起球、染料中的有害物质指标应在理化测试室进行测试，测试报告见表3-4。

3. 原材料入库

原材料通过数量复核和质量检测合格后，即可入库保管。入库应按仓管规则办理例行手续，保证仓管的规范性。入库保管需注意的事项如下。

（1）经检验测试后可办理入库手续（表3-5），并及时入账。

（2）入库后，面料应堆放在堆布台上，要求堆放整齐，并对其进行分类和标志。

（3）辅料应放在货架上，摆放整齐，并贴上品名、数量、规格，便于取用。

（4）出库要办理出库手续（表3-6），并及时入账。

（5）定期进行盘点，做到账、卡、物相符。

（6）投产前要制定好原材料确认样卡（表3-7），发放到相关部门。

表 3-3　服装原材料入库检验报告

合约号：	订单号：	款式：	产品名称：
原材料名称：	色号：	花型：	原材料等级：
总数：	抽检数：	抽检率：	原材料生产单位：
两边色差：		两头色差：	
匹与匹之间色差：		疵点情况：	

样品：

抽检结果：

厂检意见：	技术部门意见：
厂检：	签收：

注　辅料不填色差、疵点项目，有质量缺陷填在"抽检结果"一栏，用文字阐述。

表 3-4 服装原材料理化测试报告

年 月 日			编号：
品号：	品名：	供应单位：	生产：
要货单位：	产品型号：		产品名称：
原材料贴样：			

耐热度	用不同的温度试验，测试原材料能够承受的最高温度 用_____度熨斗原位熨烫_____s；观察色泽
色牢度	原材料经过摩擦、熨烫、皂洗试验后测其染色牢度 摩擦试验后染色牢度_____级 熨烫试验后染色牢度_____级 皂洗试验后染色牢度_____级
自然缩率	将原材料拆散、摊松、静放24h 试前长度_____cm，试后长度_____cm，经向缩率_____% 试前门幅_____cm，试后门幅_____cm，纬向缩率_____%
喷水缩率	将原材料用水喷匀、喷潮，用手搓擦，自然晾干后熨平 试前长度_____cm，试后长度_____cm，经向缩率_____% 试前门幅_____cm，试后门幅_____cm，纬向缩率_____%
水浸缩率	将原材料水浸2h，用手搓揉，自然晾干后熨平 试前长度_____cm，试后长度_____cm，经向缩率_____% 试前门幅_____cm，试后门幅_____cm，纬向缩率_____%
干烫缩率	干烫温度：棉布190~200℃，合成纤维织物150~170℃，黏胶纤维织物80~100℃，丝织品110~130℃，毛织品150~170℃ 试前长度_____cm，试后长度_____cm，经向缩率_____% 试前门幅_____cm，试后门幅_____cm，纬向缩率_____%

pH 值		甲醛释放含量	mg/kg	偶氮染料	mg/kg
五氯苯酚含量	mg/kg	镉、铝、氯、镍残留			mg/kg
农药残留	mg/kg	多氯联苯含量	mg/kg	增白剂残留	mg/kg

测试说明：

测试人：

表 3-5　服装××原材料入库单

　　　　　　　　　　　　　　　　　　　　　　　　　　　　　　　年　　月　　日

供料单位	品名	类别	规格	等级	数量	单价	发票号
交货人（签字）：				库管（签字）：			

注　该表格一式三份。

表 3-6　服装××原材料出库单

　　　　　　　　　　　　　　　　　　　　　　　　　　　　　　　年　　月　　日

订单号	品名	类别	规格	等级	数量	单价	金额
库管（签字）：				领料人（签字）：			

注　该表格一式三份。

表 3-7　原材料确认样卡

　　　　　　　　　　　　　　　　　　　　　　　　　　　　　日期：　　　　编号：

合约号：　　　　订单号：　　　　地区：　　　　品名：　　　　数量：　　　　款式：

面料色号					商标样：
面料样贴样					
衬里料色号					
衬料样 里料样 贴样					

续表

合约号：		订单号：		地区：		品名：		数量：		款式：	日期：　　　编号：
用线色号											洗涤成分标记样
线带类贴样											
辅料分类											吊牌样
填卡说明						确认意见					
填卡人：						填卡人：					

注　可视实际材料样卡情况放大表格。

第二节　技术部的准备

制作确认样衣和生产样板，是投产前技术准备工作的两个重要环节。确认样衣制作的好坏，直接影响到生产企业（特别是贴牌生产企业）在客户心中的形象以及工作的开展，所以样衣制作要求应严谨、规范；生产样板制作的好坏，直接影响整批成衣的品质，其作用非常关键，技术部应充分考虑本企业的实际情况，给予充分的技术、人力等各方面的支持。

一、样衣的制作与确认

客户下单并签约以后，为了确保生产企业的产品质量，会要求生产企业首先制作样衣。其目的，一是考查生产企业的制作技术水平，二是通过样衣与生产企业共同商量以改进不足之处，以便最后得到客户满意的确认样衣，最终生产出高质量的产品。

1. 样衣制作

样衣的制作一般由技术部打样组来完成，其制作要领如下。

（1）由业务部提交确认样衣制造通知单（表3-8）。
（2）以客供样衣和客户打样技术资料为依据进行制作。
（3）款式应准确，符合客户要求。
（4）材料要符合客户要求，若材料没有到位，可采用合适的替代材料。
（5）规格以订单的"规格表"为依据，应齐全、准确。
（6）工艺也应满足客户的要求。

表3-8 确认样衣制造通知单例

编号：0605036		品名：牛仔女裤						日期：2006-05-21	
客户	款号	码号					每码件数	用布量	完成日期
美国西洋公司	NV-06085	26	27	28	29	30	2	110cm	5月25日
面料样片	里料样片	衬料样片			拉链材质与规格			纽扣样	
1	1	1			YKK纯铜拉链 17.78cm （7英寸）长				
制作工艺要求： 1. 执行FZ/T81006—2007牛仔服装标准 2. 执行客户标准									
款式图及部位尺寸 前　　　　　　　后 提供客供样衣一件，以样衣款式和尺寸为准									
承制部门：公司技术部				通知人：余剑波					

2. 样衣评审

样衣是提供给客户进行确认的，为了顺利通过客户的确认，企业一般会事先对样衣进行内部评审，为了达到评审目的，其过程应严格按照相应制度、程序进行，主要内容包括以下几个方面。

（1）在一般情况下，样衣的评审由业务部、开发部、技术部各抽一名专家级人员组成评审小组，对于客户要求特别严格、数量又大的订单，还应增加生产部厂长和品管部部长参与评审。

（2）评审人员应熟悉客供样衣和客户提供的打样技术资料，并以此为标准进行评审。

（3）评审人员应填写评审表（表3-9），提出意见，若样衣评审不合格，必须在样衣修正或重做后再评，一直到合格为止。

（4）评审合格后，由审核人员签字，以示负责。

表3-9 样衣评审表

订单号：				
产品名称		款　号		
销往地区		商　标		
规　格		制作小组		

1. 原材料是否符合客户或客供技术资料要求？　　　　　　　　　　　　　　　（　）
2. 款式是否正确无误？　　　　　　　　　　　　　　　　　　　　　　　　　（　）
3. 各部位规格是否准确？　　　　　　　　　　　　　　　　　　　　　　　　（　）
4. 缝制工艺是否达标？　　　　　　　　　　　　　　　　　　　　　　　　　（　）
5. 替代原材料是否合适？　　　　　　　　　　　　　　　　　　　　　　　　（　）

注：正确打√，不正确打 ×

评审意见：

评审人（签名）：
年　月　日

3. 样衣确认

样衣确认，是指客户对企业提供的样衣进行检查、评定，其过程主要包括以下几方面。

（1）生产企业以最快的方式把样衣送（寄）到客户手中。

（2）客户对样衣检查后，一般会得出以下结论：确认、不通过、确认但部分修改，并将意见通过电子邮件等方式传给生产企业。

（3）如果客户不通过，会提出修改意见，生产企业应根据客户的意见重新打样，重新评审，重新确认。

（4）如果客户认为样衣可以确认，只是存在某些缺陷或者客户提出新的局部更改意见，比如纽扣、拉链或色号的更换，应将此存入客户技术资料中，不用重新制作样衣。

（5）业务部应根据客户的更改意见及时通知采购部重新采购更换的材料，由此造成的损失，应由客户承担。

二、生产样板的制作与复查

生产样板即大货样板，不仅规格多，而且还分裁剪样板和工艺样板，所以生产样板制作的工作量大、程序复杂。因为优质的生产样板是产品品质保证的关键，所以在制作生产样板时应格外地严谨和负责。

1. 生产样板制作

生产样板号型较多，其套数与片数也较为多样，所以在进行样板制作时应细心、谨慎，以确保每一号型样板的准确无误。其主要内容包括以下几点：

（1）提炼来样、开发样、确认样的设计思想，优化设计，把握款式、规格的准确性与精密性。

（2）掌握各种面料的缩率与性能，准确地加放样板尺寸。

（3）先制作出中间号的面料样板，然后按"号型标准"或客供技术资料提供的档差，推板制出所需要的各个规格的面板。

（4）以各个规格的面料样板为依据制作出各规格的里料板、衬料板、定位板、净板，后两种是缝制用的工艺板。

（5）在每块样板上要标出丝缕方向、订单号、款号、规格号和裁片号（比如衬衫的裁片总共10片，按裁片大小可编号10-1、10-2……10-10以防漏片）。

（6）在裁片上盖上样板师的工号，以示负责。

2. 生产样板复查

生产样板因号型多，且又分面料板、里料板、衬料板、定位板、净板等，容易出现差错或漏板，所以一定要对生产样板进行严格复查，确保万无一失。

制板人先对生产样板制作的内容进行检查，有错自纠，以防万一。检查后应交技术部技师或主管复查。复查完后应填写样板复查记录表，见表3-10。

表 3-10　样板复查记录表

产品号型		产品全称			
本批产品总数		销往地区			
打板编号		样板总块数			
面料样板数	块	里料样板数	块	衬料样板数	块
定位样板数	块	净样板数	块	其他	块
衣　长		裤长或裙长		腰节长	
胸　围		臀　围			
腰　围		上　裆			
总肩宽		中裆宽			
领　围		脚口宽			

样板规格准确为（√）　　样板规格错误为（×）

样板组合部位是否吻合、圆顺、整齐：

样板制作：_____　　复核：_____

日期：　　年　　月　　日

第三节　业务部的准备——理单

一、服装理单的概念和作用

（一）服装理单的概念

对于服装外贸公司或是服装生产企业的业务部门来说，一般在接到服装订单（尤其是出口服装订单）后必须要对客户所提供的相关产品和订单资料进行专门的整理，这部分工作内容被统称为服装理单。它是服装投产前的准备工作中最为重要的一项工作内容，是服装生产环节中至关重要的一环，也是接下来所有环节的技术和文字依据，所以必须保证它的完整性和准确性。理单具体来说就是依据客户对服装产品的要求，用文字、图表等方式准确、规范地整理、制作出指导服装产品生产的详细文本。专门负责此类工作的人员被称为理单员。

严格地说，服装理单包括内销服装理单和外销服装理单两种不同的形式，但通常情况下所说的服装理单则专指外销（外贸）服装理单。

（二）服装理单的作用

1. 整理并核对客户要求

在接到国外订单后，理单员在理单过程中必须把客户对产品的要求在所整理的资料和文件中清晰、充分地体现出来。如果客户对所需服装产品的要求不明确、模棱两可，理单员同样需要和客户事先做好充分的沟通，并把其要求规范化，以防止事后发生纠纷；如果客户对产品有明确要求，但由于地域、文化、习俗的差异，其产品要求的表述形式不同，理单时必须把客户不同的表述形式规范为符合生产企业加工要求的标准，并形成规范的技术文件用于指导生产的各个环节。

2. 理单文本是核对订单的依据

客户常常会在订单具体加工的过程中提出加工或其他方面的调整，如果客户的调整要求增加了加工难度，依据理单文本可以合理地要求客户提高加工价格。

3. 为服装跟单提供最直接的验货依据

在不违反出口条例的相关规定之下，客户的标准在一定程度上就是"出口标准"，因此，理单文本成为跟单员检验产品的重要依据。

二、对服装理单员的基本要求

服装理单人员是服装外贸公司或是服装生产企业中的主要业务人员，他们通过联络客户为公司或企业取得订单，不断开拓业务市场，同时也负责接到订单后依据客户的要求整理和指导制作相关工艺技术文本，以指导打样和大货生产，理单员是客户与公司、生产企业之间的关键的协调和沟通人员。

（一）理单员主要工作内容

服装理单员作为业务部的一名工作人员，他的工作不仅仅是被动地接受和整理订单，而是要主动地进行业务拓展，对准客户实施积极推销。他也是业务助理，在许多时候要协助业务经理接待、沟通、跟进客户。同时，服装理单员又可以说是协调员，应对客户所订的产品进行跟踪，并协调货物报关、货物装运等。服装理单员在小企业中可能身兼数职，既是内勤员，又是计划员、物控员，甚至还有可能是采购员。他的主要工作内容如下：

（1）收集市场信息以及进行市场调查。

（2）通过各种途径寻找新客户或跟踪主要客户。

（3）服装理单员应决定在准客户与现实客户中应分配的工作时间。

（4）处理电子文件、收发传真等。

（5）询价、报价。

（6）传播信息：服装理单员应熟练地将企业产品的相关信息传递出去。

（7）验签订单。

（8）与客户接洽，展示产品，介绍公司新的推销样，回答客户的疑问，努力取得订单。

（9）为客户提供各种服务，解答咨询意见，加速交货。

（10）管理客户档案。

（11）接待来访客户。

（12）交寄样衣。

（13）与相关业务部门沟通协调。

（二）理单员必备的素质

服装理单员的工作性质与特点决定了理单员必须具备以下基本素质。

1. 专业知识

要掌握服装样板、缝纫工艺和服装面料、辅料的品质鉴别等专业基础知识。

2. 电脑办公软件知识

（1）Word 文档和 Desktop 管理。

（2）Excel 电子表格系统。

（3）客户往来函电，收发电子邮件。

3. 服装专业外语知识

4. 分析能力

5. 预测能力

6. 表达能力

7. 人际关系处理能力

8. 法律知识

9. 管理与推销能力

10. 谈判能力

（三）对理单员的工作要求

（1）应熟悉国家的有关政策，有关政府部门、贸易服务部门的规定等。

（2）必须与一些服装生产企业和面料、辅料生产商建立良好的关系，确保接单后能顺利下单，如期完成客户所需的服装产品。

（3）收集最新资讯，不断收集情报信息以更新自己的业务知识。

（4）在落实、执行客户订单时要与客户充分沟通，清楚确实地了解客户的需求和特点。

良好的对外业务关系是外贸公司生存的首要条件。

（5）在操作每一个环节的时候都必须认真、仔细，特别是在写工艺文件的时候，否则一个小小的失误都可能导致整个订单的操作失败，给公司造成巨大的经济损失。

三、服装理单的程序和基本流程

（一）服装理单的业务程序

不同的外贸公司或服装生产企业对服装理单业务有不同的分工，但其基本程序都包括前期理单和后期理单两个方面。

1. 前期理单

（1）与客户就价格进行询问和申报。
（2）翻译、整理客户的原始资料。
（3）主动进行业务开拓，对客户进行推销跟进，力争取得订单。
（4）根据客户的订单要求确认样衣的款式、面料等细节。
（5）根据客户的原始资料和其他技术要求制作成规范完整的工艺文本。
（6）指导跟单员把握订单质量。

2. 后期理单

（1）和跟单员一起陪同客户验货。
（2）衔接其他部门，做好货物的报关、装运与货款结汇等后续工作，处理突发事件。

（二）服装理单的基本流程

服装企业的规模与性质的不同，服装理单流程也有所不同。规模比较大的服装生产企业理单部门一般由业务、跟单、计划、生产等部门组成；规模较小的服装生产企业则由几个甚至一人承担全部工作。

1. 基本流程

理单基本流程为：服装报价→签订合同→制定样衣工艺文本→请客户确认样衣（款式样）→制作产前样→请客户确认样衣（产前样）→制订订单工艺文本→制作出口单据。

2. 相关要点

（1）报价是理单的首要流程，也是和经济利益有直接联系的重要流程，尤其在对外贸易磋商中，价格条款是合同中的核心问题。影响服装价格的因素主要有：服装质量档次、服装运输距离、服装交货地点及交货条件、服装需求季节性变化、服装成交数量、支付条件和汇率变动的风险等。

（2）服装做价的方法有固定和非固定两种。固定服装价格有明确、具体、肯定和便于核算的特点，应优先考虑。按照国际惯例，合同价格一旦确定，必须严格执行，除非合同另有规定。非固定服装价格一般较多出现在比较熟悉的客户中，以保证买卖双方达到利润均衡为目的，主要有以下几种做价形式：待定服装价格、初步服装价格、服装价格部分固定，部分非固定。

（3）签订合同的程序包括询价、发盘发价（要约）、承诺、签订合同等环节。在交易习惯中，要尽量避免出现只询价不购买或不售货的现象。另外还要注意的是，承诺必须是被要约人做出的，承诺必须是无条件同意要约的全部内容，承诺必须与要约一致，承诺必须通知要约人，不能以沉默的方式表示。

（4）样衣工艺文本相对于订单工艺文本要简单准确，如果样衣工艺文本做得完整、详细，也可直接转成订单工艺文本。样衣工艺文本一般包括：生产企业名称、订单号、交货日期、款式名称、款式编号、生产数量、正反面及细部款式图、规格指示表、面料小样名称、面料成分、辅料小样名称、使用说明、工艺说明、包装方法等。

（5）服装产品款式样通常委托生产企业全部完成。制作款式样时，面料、辅料可以找相近的代用材料，面料的风格、质地、颜色等尽量选择最为接近的。最后由客户确认款式是否准确、缝制工艺是否合乎要求、尺寸是否准确、服装造型风格是否一致等。

（6）产前样的面料、辅料必须是大货面料、辅料，所以在制作产前样之前，面料、辅料必须经客户确认（产前样的跟进工作由跟单员完成）。

（7）客户确认产前样（生产样）这一环节最大的问题就是时间不好控制。有时需要多次确认，有时客户确认的时间较长，这些都将影响整个跟单计划的进行。因此，为了使合同顺利履行，理单员应主动和客户联系，适时提醒、敦促客户。

（8）订单工艺文本的整理和制订是服装理单员最关键的工作，要求工艺文本必须完整、准确和适应性强。

第四节　生产部的准备——工艺单的编制

服装生产工艺单（以下简称工艺单），有些生产企业也称为作业指导书，它是指导服装生产全过程的工艺技术文件。它除了具有作业指导的功能以外，还要贯彻产品标准，保证产品的质量，所以说，没有工艺单的生产是盲目的生产，很难使产品达到合格的要求，所以在编制时要格外周全和严格。一般的企业以国家标准为依据，出口企业一般使用国外标准。内销产品的工艺单，一般用表格的形式集中在一张8开的纸上（参见附录一），布样的颜色以及色号可附在另一张纸上。国外订单及技术资料一般都是英文，必须经过业务部的理单员翻译成中文，因其页数较多，所以要理成规范的顺序和格式（参见附录二）。

一、工艺单的内容

服装生产工艺单的内容包括：
（1）表头。

（2）规格表。

（3）单件（套）用料定额。

（4）装箱单。

（5）款式图。

（6）针距密度。

（7）主要部位规格极限偏差。

（8）经纬纱向技术规定。

（9）工艺要求。

（10）特别提示。

二、工艺单的编制

不同的服装生产企业，其工艺单的编制有所不同，但共同点都是以指导服装按标准进行生产为目的。工艺单的编制主要包括以下几个方面。

1. 表头的设计（表3-11）

表头主要用于对订单、客户、款式等主要信息进行交代，包括客户名、品名、订单号、数量、交货期等信息。

表3-11 工艺单表头例

客户	BRIGHT BOTS	品名	女西服	数量	3000件	交货期	2011-07-16
订单号	11/ST393-BB	款号	NV11-X106	执行标准		GB/T 2665—2009	

2. 规格表编制（表3-12）

如果是内销产品，应该先设计出中间号各主要部位的尺寸，然后按国家《号型标准》中的"分档数值"算出大、小两边各档的主要部位成品尺寸，标出各主要部位的极限偏差，最后标出每个规格的生产数量。

如果是出口产品，外商客户会提供他们所需要的规格表、各规格的色彩数量以及每个规格的数量。企业按客户提供的资料编制即可。

表3-12 规格表例（女西服5·4系列） 单位：cm

成品尺寸部位 \ 规格	150/76A	155/80A	160/84A	165/88A	170/90A	极限偏差
衣长	64	66	68	70	72	±1.0
胸围	90	94	98	102	106	±2.0
肩宽	38.5	40	41.5	43	44.5	±0.6

续表

成品尺寸部位 \ 规格	150/76A	155/80A	160/84A	165/88A	170/90A	极限偏差
领围	35	36	37	38	39	±0.6
袖长	51	52.5	54	55.5	57	±0.7
袖口围	11.4	11.7	12	12.3	12.6	±0.1
数量（件）	300	900	900	600	300	3000

3. 单件（套）用料定额表（表3-13）

单件（套）用料也叫用料定额，有经验的打板师和排料师能通过测量样衣主要部位的尺寸推算出来，但并不十分准确。准确的用料（特别是面料、里料）必须先制出各规格的样板，然后经过紧密排料才能得出。辅料用料也可通过样衣或款式图推算得出。

表3-13 单件（套）用料定额表例

品 名	规 格	数 量	品 名	规 格	数 量
纯新羊毛面料	144cm	1.3m	主 标	4cm×6cm	1个
美丽绸里料	130cm	1.1m	洗水标	4cm×6cm	1个
黏合衬	90cm	0.65m	袖 标	1.5cm×4cm	1个
大纽扣	1.8cm	4粒	吊 牌	3.5cm×7cm	2个
小纽扣	1.2cm	10粒	衣 架	40cm	1个
领 标	1cm×4cm	1个	衣 袋	42cm	1个

4. 装箱单

成衣的装箱包括单码单色、单码混色、单色混码、混色混码四种装箱法，各装箱法具体实例见表3-14~表3-17。内销产品多采用单码混色或单色混码两种装法，少数采用单码单色装箱，也可根据客户指定随意装箱。而外国客户一般是批发商，他们在本国批发销售时，是按箱卖，所以一般都采用"混码混色"装箱，以便零售商即使只买1箱也能满足不同消费者的需求。

表3-14 单码单色装箱　　　　　　　　　　　　　单位：件

箱 号	箱数（箱）	总 数	颜 色	每箱可装24件			
				8号	10号	12号	14号
1~5号	5	120	红	120	—	—	—
6~12号	7	168	蓝	—	168	—	—
13~21号	9	216	白	—	—	216	—
22~25号	4	96	驼	—	—	—	96

表 3-15　单码混色装箱　　　　　　　　　　　　　　　　　　　　　　　单位：件

箱　号	箱数（箱）	总　数	码号	每箱可装 24 件				
				红色	蓝色	白色	灰色	黑色
1~18 号	18	432	12 号	3	5	10	4	2
19~36 号	18	432	12 号	2	5	9	5	3
37~41 号	5	120	12 号	2	4	10	6	2
42 号（尾箱）	1	16	12 号	—	—	8	8	—
共　计	42	1000	12 号	—	—	—	—	—

表 3-16　单色混码装箱　　　　　　　　　　　　　　　　　　　　　　　单位：件

箱　号	箱数（箱）	总　数	码号 件/箱 颜色	每箱可装 24 件				
				8 号	10 号	12 号	14 号	16 号
1~18 号	18	432	蓝	3	5	10	4	2
19~36 号	18	432	蓝	2	5	9	5	3
37~41 号	5	120	蓝	2	4	10	6	2
42 号（尾箱）	1	16	蓝	—	—	8	8	—
共　计	42	1000	蓝	—	—	—	—	—

表 3-17　混色混码装箱　　　　　　　　　　　　　　　　　　　　　　　单位：件

箱　号	箱数（箱）	总　数	码号 件/箱 颜色	每箱可装 24 件				
				8 号	10 号	12 号	14 号	16 号
1~26 号	26	624	红	2	2	5	2	2
			蓝	1	2	4	2	2
27~56 号	30	720	红	1	3	6	3	1
			蓝	1	1	4	3	1
57~62 号	6	144	红	1	3	5	3	1
			蓝	1	1	4	3	1
63~70 号	8	192	红	1	3	5	3	1
			蓝	1	1	4	4	1
71~74 号	4	96	红	1	4	5	4	1
			蓝	1	1	4	2	1
75 号（尾箱）	1	4	红	2	—	—	—	—
			蓝	2	—	—	—	—

5. 针距密度表（表3-18）

表3-18 针距密度表例

序 号	1	2	3	4
项 目	明暗线	包缝线	锁眼	钉扣
针距密度	3cm12~14针	3cm不少于9针	1cm12~14针	每孔不少于8根线

6. 经纬纱向技术规定（表3-19）

表3-19 经纬纱向技术规定例

前身	经纱以领口宽线为准，不允斜
后身	经纱以腰节下背中线为准，尽量不斜（特别是条格布）
袖子	经纱以前袖缝线为准。大袖片倾斜不大于1.0cm，小袖片倾斜不大于1.5cm
领面	纬纱倾斜不大于0.5cm，条格料不允斜
过面	以驳头止口处经纱为准，不允斜

7. 极限偏差

极限偏差是指成品各部位尺寸所允许的误差大小，其数据包含在规格表中。

8. 款式图

服装款式图要求效果真实，比例准确，能准确表现服装的结构，不能夸张。见下图。

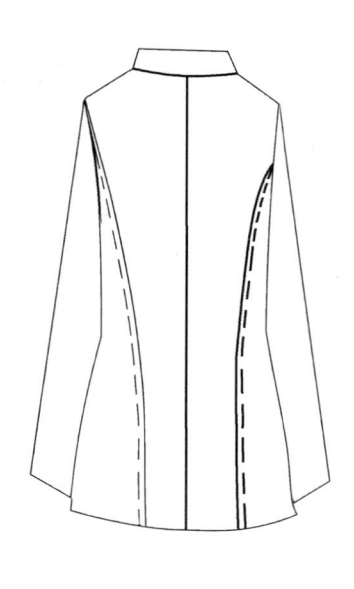

款式图

9. **工艺要求**

（1）排料与裁剪要求：面料有方向性的，一套服装要保证方向一致，纱向要顺直，在面料长度允许的情况下，衣片一般不得倾斜。裁片要准确，线条圆顺，四周不起毛，经纬纱向对齐，裁片齐全。

（2）缝制要求：服装各个部位缝纫线要顺直、整齐、平服、牢固；上下线松紧一致，无跳线，袋布的垫料要折光边或包缝；袖窿、袖缝、底边、袖口、过面里口、大身摆缝等部位叠针牢固；锁眼定位，整齐牢固；纽脚高低适宜，线结不外露；商标、号型标、成分标、洗水标的位置要端正，字迹清晰准确；各部位缝纫线迹30 cm内不得有两处单跳和连续跳针，链式线迹不允许跳针。

（3）整烫要求：服装各部位熨烫平服、整洁、无烫黄、无水渍、无极光，敷黏合衬的部位不允许有脱胶、渗胶及起皱。

（4）外观质量要求：前身的胸部挺括、对称，面、里、衬服贴，省道顺直。领子的领面平服，领窝圆顺，左右领尖不翘。驳头的串口、驳口顺直，左右驳头宽窄一致，领嘴大小对称。止口应顺直平挺，门襟不短于里襟。袖子绱袖圆顺，吃势均匀，两袖前后，长短一致。后背应平服，肩缝顺直，左右对称。

10. **特别提示**

例如，特别提示面料的甲醛释放含量≤300mg/kg。

第五节　下达生产通知单和安排生产

投产前的一切准备工作到位后，业务部应即时向生产部下达生产通知单。生产部接到生产通知单后，应立即安排生产，以确保生产的顺利进行并能按时交货。

一、下达生产通知单

服装生产通知单又称服装生产任务书，见表3-20，它是服装生产中的指令性文件。表中各项说明如下：

（1）编号：指本生产通知单的号码，编号应从每年的1月1日起下达的第一份生产通知单开始。前面两位数为年号，后面为顺序号，如2011年第106份生产通知单编号可编为NO.110106。

（2）订单号：国内批发商与国外批发商订单号的表示有别，不同国家的也不相同，但是同一份订单，其单号在所有文件上应一致，以便于各部门之间、各生产车间之间的正确沟通。

（3）客户：即为下订单的一方，国外一般都为批发商，如本单中客户为德国威廉斯公司。

（4）款号：是服装样式的编号，一般男装的编号前加"N"、女装加"NV"、童装加"T"，

表 3-20 生产通知单例

爱派克制衣有限公司生产通知单					
					编号 NO.110106
订单号	11ST135-AB	客 户	德国威廉斯公司	款 号	N110216
生产单位	爱派克公司	厂 长	雷天鸣	数 量	5500 件
计划号	品 名	规 格	规格数量（件）		交货日期
11-06-20	男式防寒服	S	500		2011-06-30
11-06-20	男式防寒服	M	1000		2011-06-30
11-06-25	男式防寒服	L	2000		2011-07-05
11-06-28	男式防寒服	XL	1500		2011-07-08
11-06-28	男式防寒服	XXL	500		2011-07-08
合 计			5500		
下单人：黄玉琴		接单人：雷天鸣		下单日期：2011-06-15	
附件：样衣 1 件 原辅材料样卡 5 份		样板 5 套 电脑排料图样本 4 份		工艺单 10 份 绣花光盘 1 张	

其后的前面两位数代表年号，后三位为顺序号。如 N110216 表示男装，2011 年第 216 款。

（5）生产单位：指本单下达到本企业的生产厂或外发加工厂的名称。

（6）厂长：生产单位的最高负责人。

（7）数量：本单的生产总数，单位一般用"件"、"套"，出口服装也有用"打"。

（8）计划号：即生产排期号，如 11-06-20，即安排在 2011 年 6 月 20 日生产。

（9）品名：产品种类的名称。

（10）规格：内销产品一般以"号型"作为规格，外单用各自国的规格。

（11）交货日期：可以按规格分批交货，但要写明年、月、日。

（12）下单人：一般由业务员下单，下单后还要进行跟单。

（13）接单人：一般由厂长接单。

（14）附件：指随着生产通知单一同下发的样衣、样板、工艺单、原辅材料样卡等。

二、安排生产

生产的安排一般由厂长主持，需要厂长细致周到，能对本厂的每一个车间或小组的生产任务提出质量、数量、交货日期等的具体要求，其具体职责包括以下几个方面。

（1）召开全厂车间主任管理人员会议。

（2）向裁剪车间移交全部生产样板并办理领用手续（表 3-21），下达工艺单、计算机排料图、材料样卡、裁剪总数量以及确定交货日期。

表 3-21　样板领用记录单

年　月　日						编号：	
合同号				生产通知单			
产品名称							
规　格		编　号	样板总数	面料样板数	里料、衬样板数	附件样板数	

领用日期：　　年　月　日　　　　　　　归还日期：　　年　月　日

情况说明：

　　　　　　　　　　　　　　　领用人：　　　　　　　　　　样板保管人：

（3）向绣花组下达生产任务，移交绣花图案、绣花样片、定位板以及确定交货日期。

（4）向缝制车间下达生产任务，移交工艺单，确认样衣、辅料样卡、日产量定额以及交货日期。

（5）向整烫包装车间下达生产任务和要求，包括数量、质量、要求、折衣方法、包装方法以及确定交货日期，并移交工艺单。

（6）向装箱打包组下达生产任务和要求，包括包装物数量、正侧面文字、数字标志原件和装箱要求以及装箱发货日期，并移交工艺单。

总结

1. 服装投产前的准备工作主要包括物料准备和技术准备。
2. 投产前必须做好充分的物料和技术准备，以保证产品的质量和生产的顺利进行。

作业布置

1. 谈谈确认样衣的制作要领和确认程序。
2. 编制一张男衬衫的生产工艺单。

应用技能与管理——

服装裁剪工程的运行与管理

课题名称： 服装裁剪工程的运行与管理

课题内容： 编制裁床方案

排料划样工艺

铺料工艺

裁剪工艺

课题时间： 6课时

训练目的： 使学生了解裁剪工程的机械设备、作业程序和现场管理。

教学方式： 播放课件中的视频系统，展现裁剪工程的作业现场，与教师讲述同步进行。

教学要求： 1. 使学生掌握裁剪方案的编制方法。

2. 使学生了解排料、辅料、裁剪、分类编号等的技术要领和质量要求。

3. 使学生通过各作业程序的表格掌握裁剪工程的现场管理方法。

第四章　服装裁剪工程的运行与管理

如果说新产品开发、承接订单、投产准备在服装生产运行链上属于生产输入阶段，那么当生产运行链进入裁剪工程时，则进入了服装生产的转换阶段，成衣生产作业即从裁剪工程开始。图4-1和图4-2所示分别为裁剪车间的作业现场图和运行示意图。

图4-1　裁剪车间作业现场图（悬臂裁剪机作业）

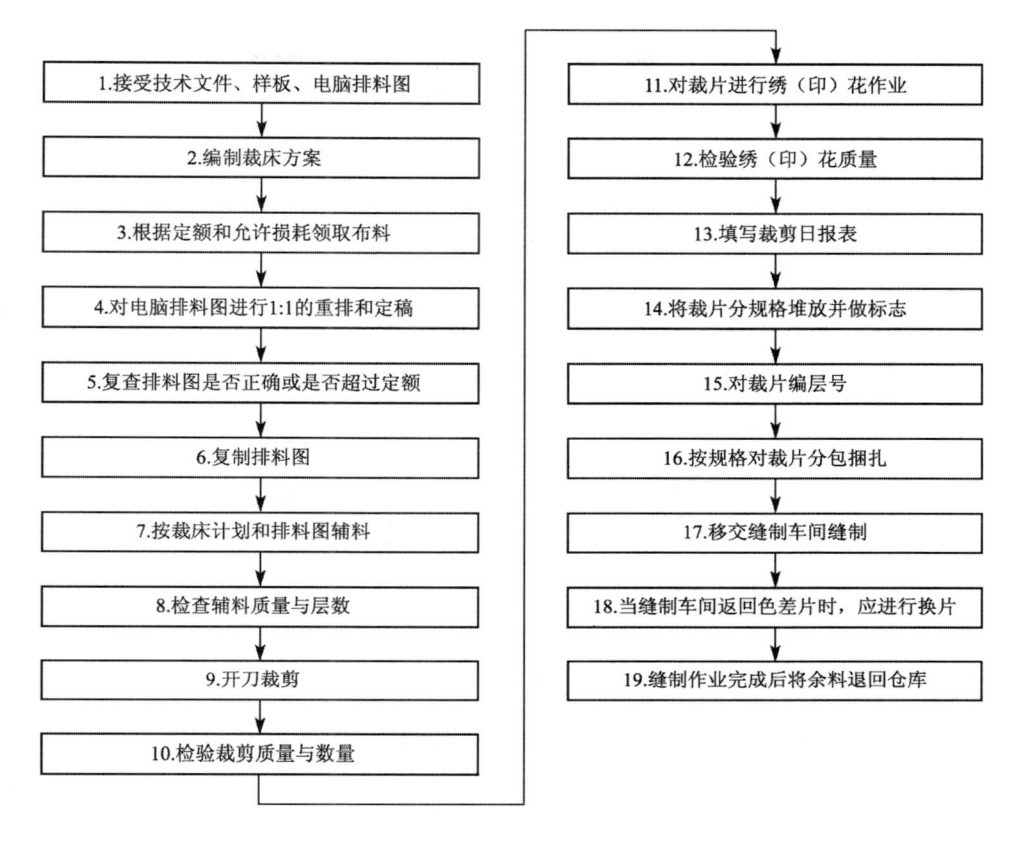

```
1.接受技术文件、样板、电脑排料图        11.对裁片进行绣（印）花作业
            ↓                                    ↓
2.编制裁床方案                           12.检验绣（印）花质量
            ↓                                    ↓
3.根据定额和允许损耗领取布料             13.填写裁剪日报表
            ↓                                    ↓
4.对电脑排料图进行1:1的重排和定稿        14.将裁片分规格堆放并做标志
            ↓                                    ↓
5.复查排料图是否正确或是否超过定额       15.对裁片编层号
            ↓                                    ↓
6.复制排料图                             16.按规格对裁片分包捆扎
            ↓                                    ↓
7.按裁床计划和排料图铺料                 17.移交缝制车间缝制
            ↓                                    ↓
8.检查铺料质量与层数                     18.当缝制车间返回色差片时，应进行换片
            ↓                                    ↓
9.开刀裁剪                               19.缝制作业完成后将余料退回仓库
            ↓
10.检验裁剪质量与数量
```

图4–2　裁剪车间作业运行

第一节　编制裁床方案

裁床方案也称裁床分配方案。每一张订单都有一个订货总数，订货总数又分若干个号型（国外订单一般为码号），各个号型的数量之和构成订货总数。一般来讲，由于各个号型的数量不同，不可能一次裁完，需要通过合理安排分配到若干裁床才能完成裁剪任务，这样的分配方案即为裁床方案。

一、编制裁床方案的要素

裁床方案的编制原则，是采用最少的裁床、最少的时间完成任务。编制方案的制订应考虑的因素包括以下几个方面。

1. **件（套）数量**

因铺料的厚度有限，如机织面料最多只能铺250层，所以数量越多，裁床数也越多。

2. **号型数**

号型数越多，裁床数也越多，且各号型的数量不同，裁床数也不相同。

3. 裁床的长度

裁床长度从 5~30m 不等，裁床越长，每床排料数量越多，所需裁床数也相对减少。

4. 颜色

面料的颜色种类越多，裁床数也越多。

5. 面料厚度

面料薄、可叠层数多，裁床数就少，布料厚，则相反。

6. 裁刀

裁刀越长，可叠层数越多，裁床数也越少。

二、裁床方案的编制

进入 21 世纪以后，订单出现数量少、款式多的趋势，所以一个款式所需的裁床数不会太多。另外，客户下订单时，一般以中码为多，然后向两边逐渐减少。表 4-1 所示为国外单色衬衫订单中各码号的数量。

表 4-1　各码号数量　　　　　　　　　　　　　　　　　　单位：件

码　号	37 号	38 号	39 号	40 号	41 号	合　计
件　数	250	500	750	750	250	2500

根据表 4-1 各码号的数量，可以遵循先完成数量少的码号来配制裁床方案，并以此类推。值得注意的是，每层套排件数不宜过多，一般在 10 件以下，因布匹拉得太长容易产生色差。以下是根据裁床的长度制订的三个裁床方案。

1. 方案一（表4-2）

裁床长度为 15m 时，按单件衬衫用料 1.5m 计算，每床排料图不能超过 9 件，因裁床一头要放置自动断布刀的轨道，另一头要有些余量，所以此方案最多一床只排 8 件。

表 4-2　方案一

订单裁床分配	码号	37 号	38 号	39 号	40 号	41 号	层数
	订货数（件）	250	500	750	750	250	
第一床	样板配比（套）	1	2	2	2	1	150 层
	裁剪数（件）	150	300	300	300	150	
第二床	样板配比（套）	1	2	2	2	1	100 层
	裁剪数（件）	100	200	200	200	100	
第三床	样板配比（套）	—	—	2	2	—	125 层
	裁剪数（件）	—	—	250	250	—	

2. 方案二（表4-3）

裁床长度超过15m，一床之内，一张排料图可排10件，两床即可完成。

表 4-3　方案二

订单裁床分配	码号	37号	38号	39号	40号	41号	层数
	订货数（件）	250	500	750	750	250	
第一床	样板配比（套）	1	2	3	3	1	150层
	裁剪数（件）	150	300	450	450	150	
第二床	样板配比（套）	1	2	3	3	1	100层
	裁剪数（件）	100	200	300	300	100	

3. 方案三（表4-4）

如果裁床只有8m，这样一张排料图上最多只能排5件，则需分4床才能裁完。

表 4-4　方案三

订单裁床分配	码号	37号	38号	39号	40号	41号	层数
	订货数（件）	250	500	750	750	250	
第一床	样板配比（套）	1	1	1	1	1	150层
	裁剪数（件）	150	150	150	150	150	
第二床	样板配比（套）	1	1	1	1	1	100层
	裁剪数（件）	100	100	100	100	100	
第三床	样板配比（套）	—	1	2	2	—	150层
	裁剪数（件）	—	150	300	300	—	
第四床	样板配比（套）	—	1	2	2	—	100层
	裁剪数（件）	—	100	200	200	—	

以上是单色面料的裁床方案，主要根据订单上各码号数量和裁床长短进行合理分配，即可把裁床方案编制出来。如果订单要求有多种颜色，并且每一码号中对各种颜色的数量还有规定，这样的裁床分配方案就比较复杂，所需裁床数也多。表4-5所示为混色混码订单的裁床方案。

表 4-5　混色混码裁床方案（订单总数：3000 件）

订单	码号	XS			S			M			L			XL		
	订货数（件）	250			750			1000			750			250		
	颜色	白	红	蓝	白	红	蓝	白	红	蓝	白	红	蓝	白	红	蓝
	分配	100	100	50	250	250	250	400	300	300	250	250	250	50	100	100
第一床	样板配比（套）	2			2			2			2			1		
	125 层	50	50	25	50	50	25	50	50	25	50	50	25	50	50	25
	裁剪数（件）	100	100	50	100	100	50	100	100	50	100	100	50	50	50	25
第二床	样板配比（套）				2			2			2					
	225 层				75	75	75	75	75	75	75	75	75			
	裁剪数（件）				150	150	150	150	150	150	150	150	150			
第三床	样板配比（套）							2								
	125 层							75	25	25						
	裁剪数（件）							150	50	50						
第四床	样板配比（套）													1		
	75 层														50	25
	裁剪数（件）														50	25
第五床	样板配比（套）				1			1			1			1		
	50 层					50			50			50				50
	裁剪数（件）					50			50			50				50

注　表中空格为无内容。

第二节　排料划样工艺

排料划样工艺，就是按照裁床方案所规定的床数，每床按其规定的号型（或码号）和件数配比，将样板紧密地排在一张排料图上并将排料结果画在纸上或面料上，作为铺料和裁剪工序的生产依据。影响排料长度的因素，除了裁床方案之外，还有面料的门幅。门幅越宽，排料图越短。以下介绍的是直接在排料纸上或面料上进行的排料方法。

一、排料的技术要领与质量要求

裁床方案制订好后进行的排料工艺较为复杂，难度较高，需要工作人员具备丰富的经验和技术，排料操作要领与质量要求如下。

（1）首先检查面料的门幅，并取出所需款号和号型的样板。

（2）两边按幅宽留出 2cm 余量，再划出排料图的宽度。

（3）按照裁床方案，从第一床开始进行排料作业，直到最后一床。

（4）排料一般遵循先排大裁片、后排小裁片的原则，尽量把小裁片放在大裁片之间的空隙里。

（5）本着紧密排料、节约用料的原则，按先初排、后复排定稿的程序排出最佳效果。

（6）严格按照工艺单上的经纬纱向规定排料。

（7）排料时，注意面料正反一致和衣片对称，以避免出现裁片的"一顺"现象（图4-3）。

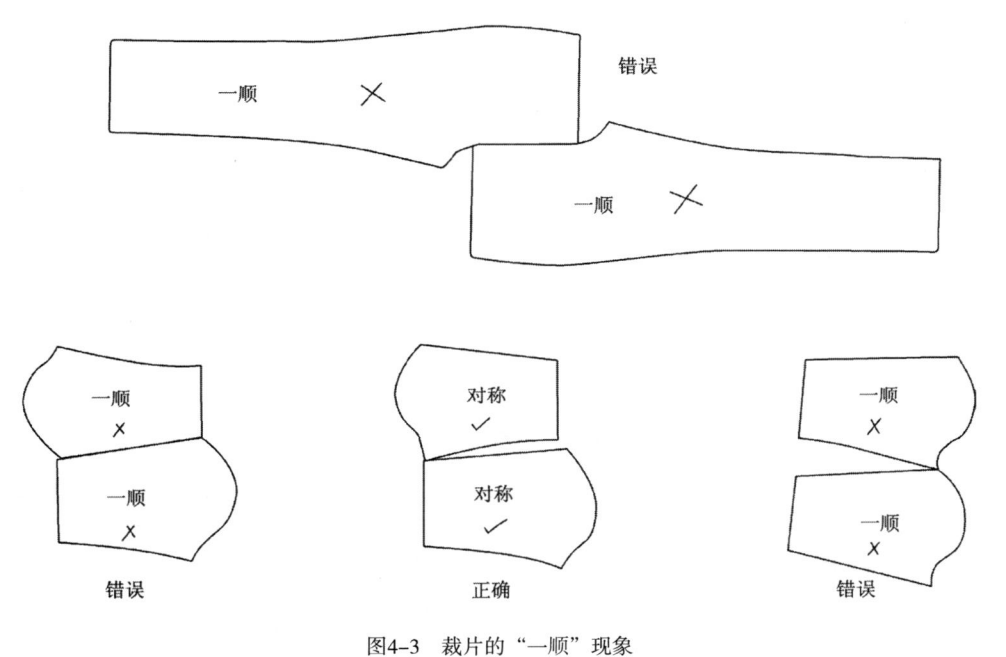

图4-3　裁片的"一顺"现象

（8）排料时，要使排料图的两头呈平齐状态，不允许出现凹凸现象。

（9）在排料图上的每一片裁片上应标明款号、号型、裁片号、件号及对条对格等。

（10）如用铅笔在纸上划样，线条的粗细不得超过 1mm；如用划粉在面料上划样，线条粗细不超过 2mm。

二、排料图的检验

排料图的质量关系到一大批成衣的质量好坏，所以必须经过验图。排料划样定稿后，排料师先要自查，然后再由裁剪车间主任进行复查，复查时要按如表 4-6 所示的排料图检验单逐项检查，然后写出如"可以交付铺料"或"重新排料"的结论意见，并签名以示负责。复查合格后再向铺料人下达铺料通知单，见表 4-7。

表 4-6　排料图检验单

				第　　床
订单（或合约号）		产品名称		
款　　号		面料幅宽		

1. 是否符合裁床方案规定的号型和件数（　）
2. 裁片倾斜度是否超出允许偏差（　）
3. 是否超过用料定额（　）
4. 有无"一顺"现象（　）
5. 倒顺毛面料，整件衣服裁片是否顺向一致（　）
6. 图案面料裁片的朝向是否合理（　）
7. 排料图两头是否平齐（　）
8. 是否有漏片（　）
注：正确（√）不正确（×）
结论意见

检验人：

年　　月　　日

表 4-7　铺料通知单例

NO.110238　　　　　　　　　　　　　　　　　　　　　　　　　　　　　　　　2011 年 6 月 20 日

床号	第一床	订单号	STU11085	款号	NV110189	总层数	150
布名	纯棉格子	门幅	143cm	长度	1456cm	铺料方法	单面同向
颜色与层数		红：50		黄：50		紫罗兰：50	
完成时间		1h20min，节假日不休，按情况调休					

排料人：陈刚
请注意：层层对齐格子

铺料人：黄大毛
照办

2011 年 6 月 20 日　　　　　　　　　　　　　　　　　　　　　　　　　　　　2011 年 6 月 20 日

三、排料划样图例

　　图 4-4、图 4-5 所示为排料划样图例，分别为门幅 90cm 的衬衫排料图和门幅 143cm 的女西服排料图。

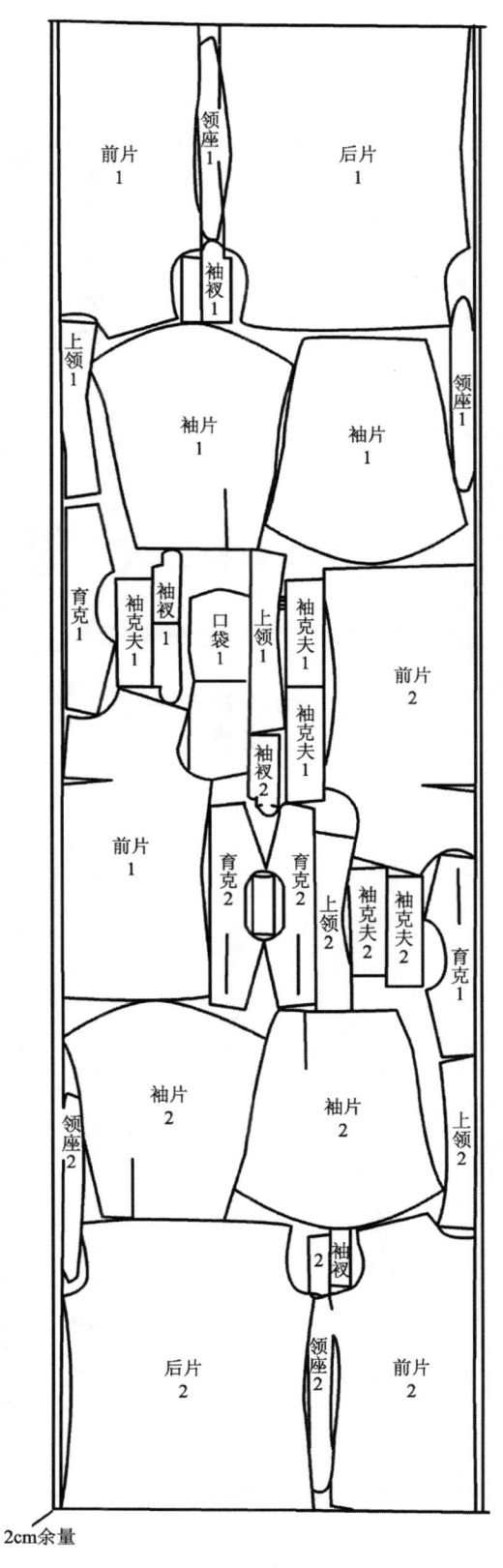

图4-4 两件衬衫单面排料图（门幅90cm）

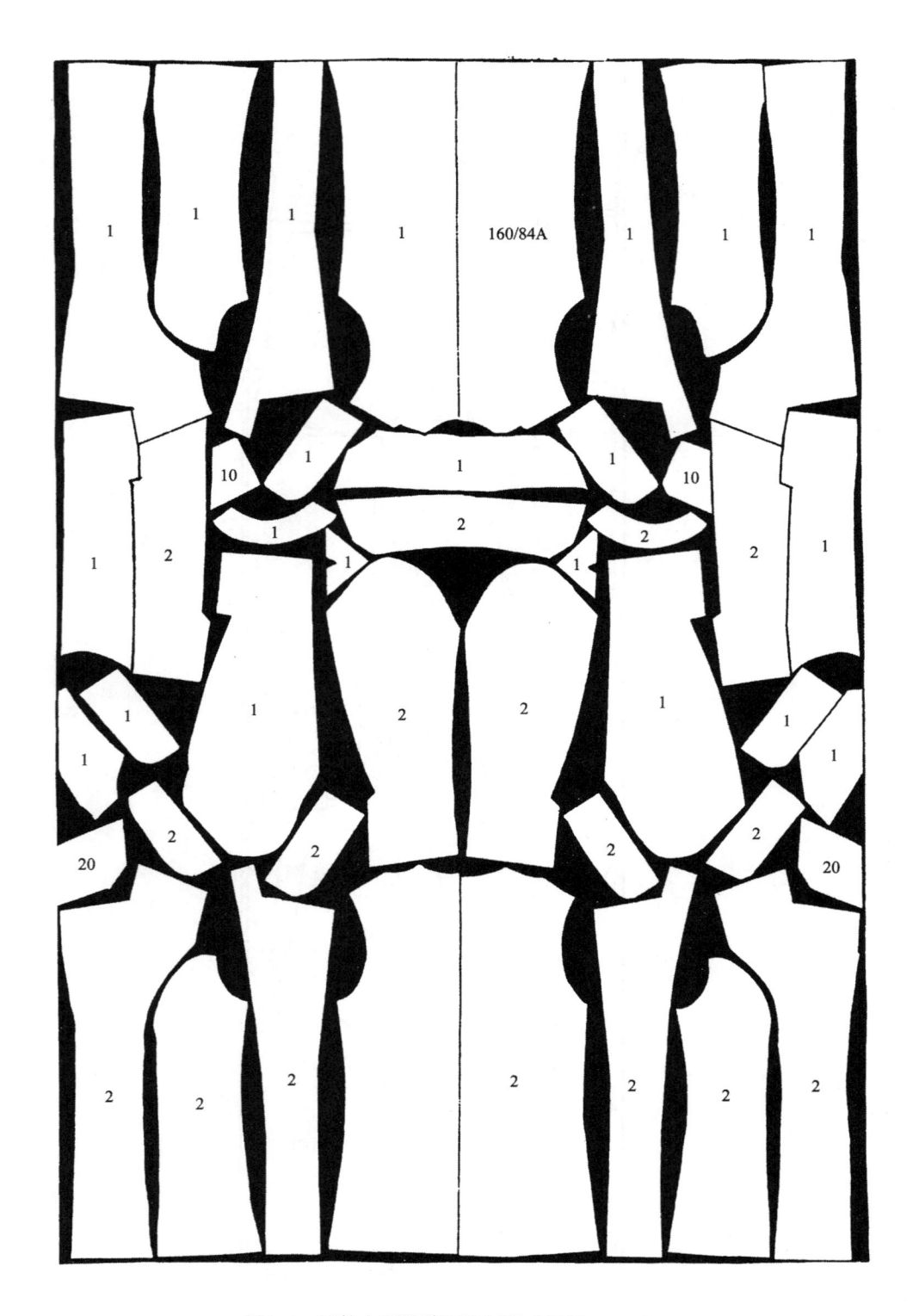

图4-5 两件女西服单面排料图（门幅143cm）

第三节 铺料工艺

铺料,俗称拉布,是裁剪工程的第三个环节。继裁床方案和排料划样工艺完成后,铺料工需按裁床方案规定的床数、层数结合排料图的长度,把待裁面料一层一层按要求断开,将其整齐地在裁床上进行铺叠,然后由裁剪师开刀裁剪。铺料工艺虽然是一道比较简单的工序,但为了尽量减少面料的损耗,其质量要求也很严格。

一、铺料的技术要领与质量要求

铺料工艺看似简单,但若操作不当将会带来严重的经济损失,所以铺料需按照严格的技术要领与质量要求进行操作,主要包括以下几个方面。

（1）严格按裁床方案、排料划样图和铺料通知单安排层数和长度。
（2）对条对格的面料必须用定位针层层对齐。
（3）发现个别布疵要贴好缺陷标志,疵点多而集中的布料需剔除。
（4）铺料时必须做到"四齐一平"。"四齐"为：①起手要铺齐；②门幅的一边层层要对齐；③面料两头要断齐；④没有铺到头的面料要配齐。"一平"为：每层布面一定要抚平；铺料的厚度一定要低于裁刀4cm以上。若超过,需要修改裁床方案。

二、铺料方法

1. 单面同向铺料法

布面层层向上或布面层层向下、毛向层层相同的铺料方法（图4-6）。

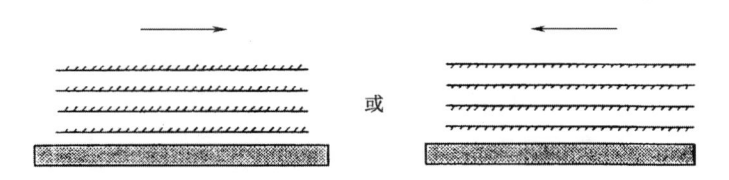

图4-6 单面同向铺料法

2. 单面双向铺料法

布面层层向上或布面层层向下、毛向层层相反的铺料方法（图4-7）。

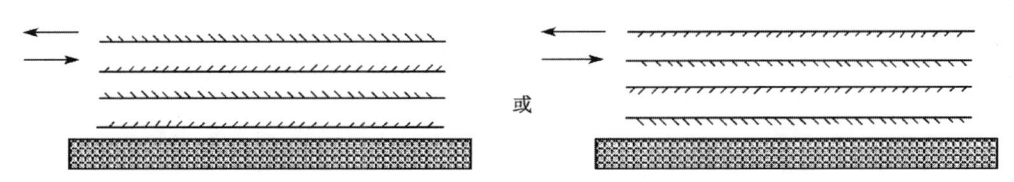

图4-7 单面双向铺料法

3. 合面同向铺料法

布面相合、毛向相同的铺料方法（图4-8）。

4. 合面双向铺料法

布面相合、毛向相反的铺料方法（图4-9）。

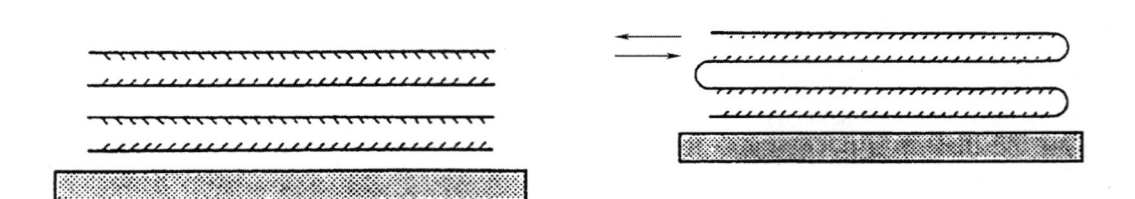

图4-8　合面同向铺料法　　　　图4-9　合面双向铺料法

5. 双幅料铺料法

对门幅很宽的布料往往采取从布幅中间对折再进行铺料，人们称之为双幅料铺料或对折铺料，见图4-10，合面同向与合面双向铺料法可以防止"一顺"现象，有利于对条对格。缺点是会增加床数，延长裁剪时间。

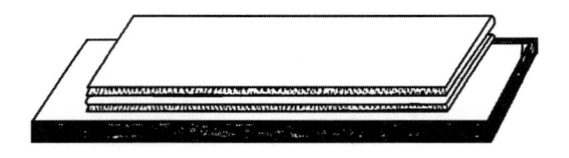

图4-10　双幅料铺料法

三、铺料的检验与管理

铺料完成后，必须对数量和质量进行检验。先由铺料者自行检查，后由车间主任进行正式检验，并填写铺料检验表（表4-8），合格后签字，以示负责，然后再填写裁剪铺料单（表4-9）。

表 4-8　铺料检验表

年　　月　　日

布料名称		门幅		应铺　　层	实铺　　层
多铺　　　　层		少铺　　　　层		单面同向□	单面双向□
手工铺料□		铺料机铺料□		合面同向□	合面双向□
四边是否整齐	是□　否□		对条对格是否正确		是□　否□
开裁工：（签名） 意见 　　　　　　　　　　年　　月　　日		车间主任：（签名） 意见 　　　　　　　　　　年　　月　　日		

表4-9 裁剪铺料单

							年 月 日						
订单号：				产品名称：				纸样号：					
客　户：				第　　床				排料件数：					
数量（件） 色号\层数	规格	上装（段长：5.5m　排料件数：4）					下装（段长：4m　排料件数：4）					余量	差额
		S	M	L	XL	用料（m）	件数	S	M	L	XL	用料（m）	件数
1#	200												
合计													

四、铺料设备

随着科学技术的发展，为了使铺料更快速、更准确，具有一定规模的服装企业已不再采用手工在裁床上来回地拉布，而开始采用多种用于铺料的机械设备，以提高生产效率。

1. 验布机

铺料前应抽取 1~2 卷布进行疵点检验。验布机由荧光屏和日光灯组成，利用验布机可清楚发现正反布面上的纺织疵点，见图 4-11。

图4-11　验布机

2. 裁床

裁床是用来进行排料、铺料、裁剪、编号等作业的长桌（图 4-12），有各种不同长度的规格，30m 的裁床是较长的一种，一般用于大型服装生产企业。

3. 手工铺料机

手工铺料机结构较为简单，只是在裁床的一头夹一副放布卷的支架和一架断布机，用于手工铺料，见图 4-13。手工铺料机简单实用，适于各种铺料法。

图4-12　8m裁床

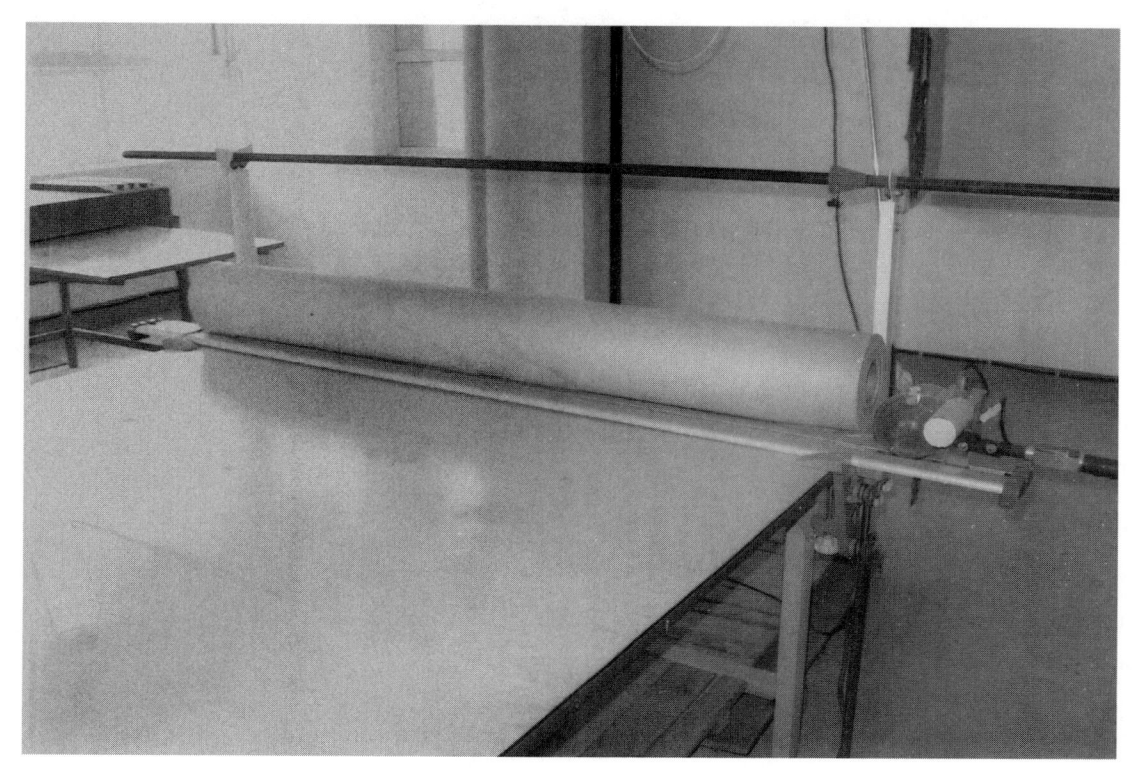

图4-13　手工铺料机

4. 自动铺料机

自动铺料机除了有架布装置，还有动力移动装置和断布装置，只能进行单面同向和合面双向两种铺料法，见图4-14。由于价格昂贵，使用自动铺料机的服装生产企业较少。

图4-14　自动铺料机

第四节　裁剪工艺

裁剪工艺是整个服装裁剪工程中最重要的一环。在经过排料划样和铺料之后，需通过裁剪将布料转为衣片（裁片）。此项工艺要求层叠的布料经裁剪后，衣片不能变形，对操作人员的技术要求较高，也是保证成衣品质的重要条件。

一、裁剪机械

裁剪机械是指将特定层数的布料按排料划样图切割成衣片的机械设备，主要分为以下七种类型。

1. 直刀裁剪机（图4-15）

直刀裁剪机是目前服装生产企业普遍使用的一种裁剪机械，因为它使用方便，裁剪层数较多，适用于各种布料，俗称"万能裁剪机"。其电动机的速度有3600r/min、2800r/min和1800r/min 三种。刀长从13cm（5英寸）至33cm（13英寸）不等。裁剪的厚度最大可达19 cm。

2. 圆刀裁剪机（图4-16）

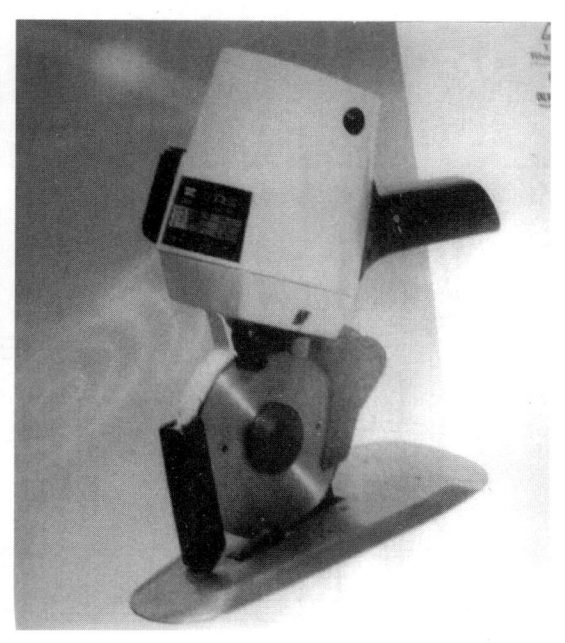

圆刀裁剪机结构与直刀裁剪机相似，但刀片呈圆盘状，裁剪时做旋转运动。推进时比较稳定，但裁剪厚度不大，圆刀的直径从6~25 cm不等，最大裁剪厚度小于10cm，适合小订单裁剪，也可用于大批量的尾床裁剪。

图4-15　直刀裁剪机　　　　　　　　　　图4-16　圆刀裁剪机

3. 带刀台式裁剪机（图4-17）

带刀台式裁剪机，由1cm宽带状刀片在台式机上做循环运动，只可移动布料，不能移动刀片，一般用来裁剪大衣片和小衣片。工作原理类似木材加工中的电锯，可与直刀裁剪配合使用。

4. 刀模冲压裁剪机

刀模冲压裁剪机是模拟机械加工中的冲床原理，将衣片的形状制成刀模，装在冲床上，把布料叠成若干层，厚度1.5cm左右，利用冲压机巨大的压力，将布料冲裁成衣片。这种裁剪机只能用于固定不变的服装款式的裁剪，且只能裁小片，例如衬衫的领子、袖克夫、口袋等。其裁剪的精度高，速度快，但使用范围很小。目前使用较多的油压冲压机压力为 98~196kN（10~20tf）。图 4-18 所示为领子、口袋等衣片的冲压刀模。

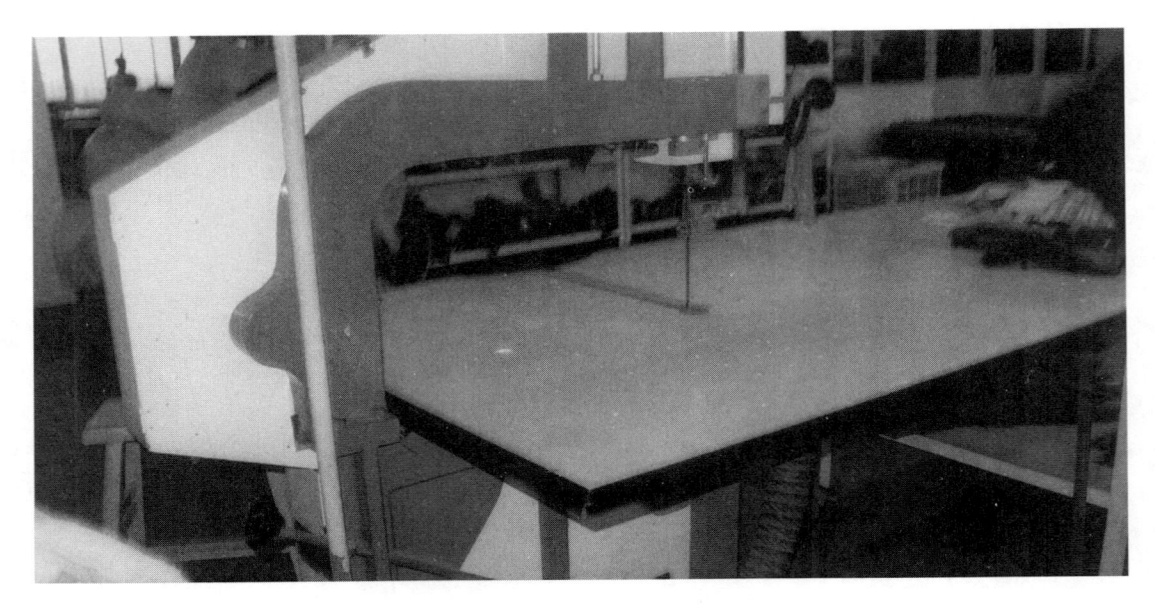

图4-17　带刀台式裁剪机

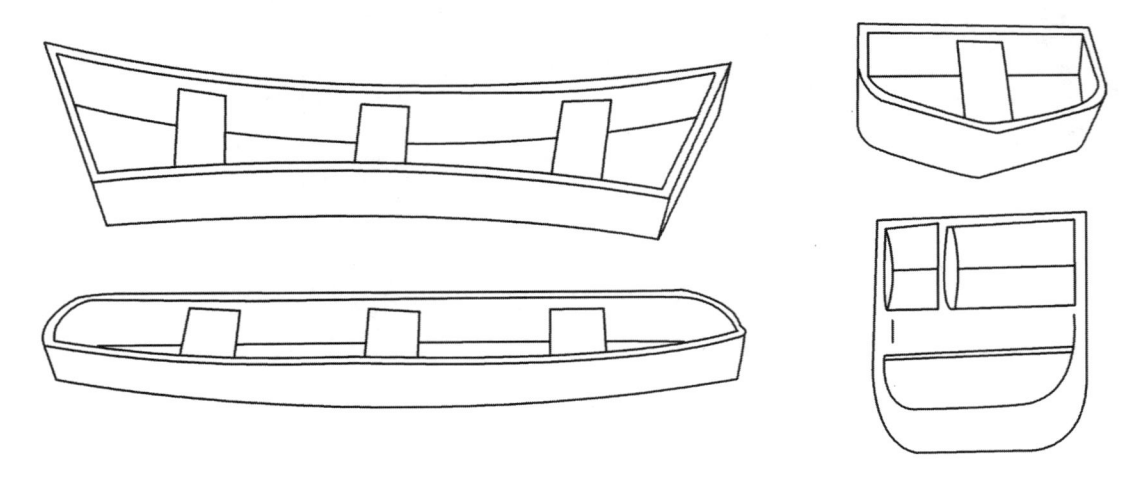

图4-18　冲压刀模

5. 电脑裁剪机

电脑裁剪机是由计算机制板和计算机排料系统控制的裁剪机，见图 4-19，又称 CAm 系统，即计算机辅助生产系统。其裁刀的移动由计算机程序控制，裁刀按计算机排料储存的记忆自动裁出排料的裁片。

6. 激光裁剪机

激光裁剪机是利用激光发出的高强度、高集中的光束对布料进行裁剪的一种先进的裁剪机械（图 4-20），它还可以和计算机结合，提高裁剪精度。其优点是自动化、连续化、

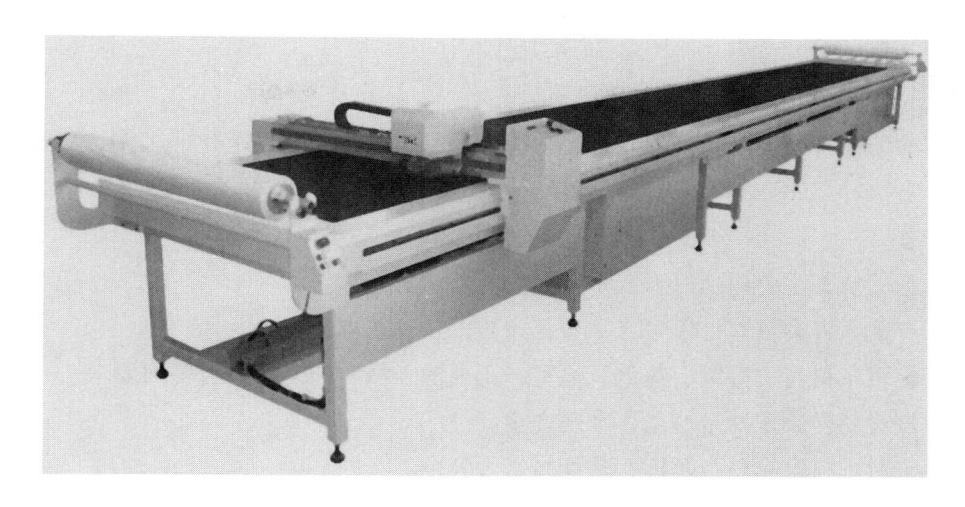

图4-19 电脑裁剪机

图4-20 激光裁剪机

高速化,但裁剪的层数少,同时还会使裁片的边沿变色、热融,其技术还不成熟,有待改进,目前我国的服装生产企业很少使用。

7. 悬臂裁剪机

悬臂裁剪机(参见图4-1)是将直刀裁剪机安装在可以自动移动的悬臂上。悬臂分为两节,可以做360°运动,它不仅可以使用最长的刀片进行大量裁剪,也可以用窄刀。其刀片的垂直性好,所以裁剪的布片圆顺、裁线精密,且省时省力。

二、裁剪前的核查与规定

裁剪前的核查与规定是确保裁剪工艺能够顺利进行的一项规范化的工作，需要服装生产企业严格执行。

1. 核查

裁剪前的核查主要包括以下五个方面。

（1）按裁床方案核对订单号、款号、床号以及工艺单。

（2）核对布料名、等级、花色、幅宽、正反面、倒顺向是否符合铺料要求。

（3）核对划样数量及号型是否准确齐全。

（4）核对用料定额是否超标，裁片号是否齐全。

（5）核对铺料长度、层数及"四齐一平"是否符合要求。

2. 规定

裁剪前的严格规定不仅是对裁剪质量，也是对操作人员人身安全的保障。其内容包括如下几点。

（1）严格执行单、合面规定。

（2）严格执行拼接范围规定。

（3）严格执行互借范围规定。

（4）严格执行有关部位疵点规定。

（5）严格执行排料、铺料、裁剪、刀口定位规定。

（6）严格执行对条对格、对图案的规定。

（7）严格执行裁剪机械安全操作规定。

（8）严格执行文明生产的有关规定。

三、裁剪技术要领与质量要求

为了保障裁剪的质量和成衣的品质，操作人员需要严格地按照以下的技术要领与质量要求进行裁剪作业。

（1）把铺好的布料用铁饼压紧，两边用铁夹夹牢，使之在作业过程中不会移动。

（2）裁剪时，应右手握刀扶正裁机，左手压住布面（不能压得太紧）。

（3）先横进刀，后竖进刀，若弧度太弯，应从两头进刀。

（4）先外口后里口，先小片后大片，逐段裁剪，逐段取料。

（5）保持裁刀垂直于裁床，以免上下衣片产生误差。

（6）打定位刀口位置要准确，刀口深不超过 3mm。

（7）保持裁刀刀刃锋利，避免边沿起毛。

（8）裁完后经自检自查后交车间主任复查。

（9）检验合格后应填写裁剪日报表（表4-10）。

表 4-10　裁剪日报表

年　　月　　日

产品名称：	产品名称：	产品名称：	产品名称：
订单号：	订单号：	订单号：	订单号：
生产单号：	生产单号：	生产单号：	生产单号：
工艺单号：	工艺单号：	工艺单号：	工艺单号：
计划数：	计划数：	计划数：	计划数：

数量	日期	累计	发出	累计	结存	数量	日期	累计	发出	累计	结存	数量	日期	累计	发出	累计	结存	数量	日期	累计	发出	累计	结存

合计

制表：＿＿＿＿＿＿＿

四、裁片的检验

裁片复查表见表4-11，验片时需着重注意以下几点。

（1）将样板与最上一层裁片对比。

（2）将最上一层与最下一层对比。

（3）检查裁片的边沿是否光滑。

（4）检查是否有漏片。

（5）检查是否有"一顺"裁片。

表 4-11　裁片复查表

				年　月　日	
床　号		订单号		款　号	
门　幅		层　数		排料件数	

1. 哪几个规格：
2. 颜色及层数：
3. 样板与第一层裁片的误差：
4. 第一片与最后一层裁片误差：
5. 漏片情况：
6. "一顺"情况：
7. 裁片边沿：

复查意见：

主刀人：　　　　　　　　　　　　　　　　　　　　　　　　　　　　复查人：

五、绣（印）花

目前市场大部分女装和童装都有绣（印）花图案装饰，特别是出口服装，几乎都有绣（印）花图案。因这一道工艺和裁剪工艺是紧密相连的，所以很多服装生产企业把绣花工艺操作人员纳为裁剪车间的一个小组。现代服装生产企业几乎都用电脑绣花机（图4-21）进行绣花作业，一台大型的电脑绣花机有20个绣花头，每一绣花头装有8根针杆，每根针杆上可穿一种颜色的绣花线，8根不同颜色的线完全可以绣出色彩丰富的图案和花样。虽然电脑绣花是由计算机软件程序控制，但人的因素还是起着决定作用，有着严格的操作要领，其作业程序如下。

图4-21　电脑绣花机

（1）仔细检查随工艺单下发的样衣、绣花样片、软盘、定位板、绷架、绣花线色号。
（2）按样衣、样片、定位板准确定出绣花位置。
（3）按绣花颜色的顺序在各针杆上穿好不同颜色绣花线。
（4）调试绣花机并进行试绣。
（5）把裁剪好的白片（指没绣花的裁片）按定位板绷紧在绷架上。
（6）在电脑绣花机上放入软盘，摆准绷架，开机绣花。
（7）断线后立即接线，作业时来回查看各绣花头的作业状况，保持上下线松紧适宜，以使绣迹清晰美观。
（8）绣完后由专职验片员进行仔细验片，注意清剪线头。
（9）需印花的裁片应交专业印花厂印制。
（10）绣（印）花片合格后送到裁剪车间分类、编号、进行打包。

六、裁片编号与分包

为了防止同一件成衣的不同衣片上出现色差，保证成衣的质量，需要对裁片进行分类和编号。

1. 裁片分类

若在同一床的裁片排料图上有不同的号型，或同一号型中排了几个件号，则裁完后，必须分开堆放。

（1）把不同号型的所有大、小裁片分类堆放在一起。

（2）把同一号型不同件号的所有大、小裁片分类堆放在一起。

（3）把不同号型、不同件号的所有大、小裁片各自捆扎牢固，按序排列，等待编号。

2. 裁片编号

为了防止缝纫时同一件衣服的不同裁片出现色差，必须把裁片从第一层开始到最后一层都编上层号。

（1）首先在所有裁片的边角处（可以做在缝份里）贴上 0.7cm×2.5cm 的编号纸。

（2）按分好类的裁片逐一编层号。

（3）编号的数字应是 7 位数，前两位是床号，中间两位数是号型（或码号），后三位数是层号。例如 0540103，"05" 是床号，"40" 是码号，"103" 是层号。

（4）不可用钢笔、水笔、圆珠笔编号，以防出现污渍，应用自动递增尾数的打号机逐层编号。编号机的层数应从"1"开始，编到最后一层为止。

（5）同一件号的所有裁片编完号以后，应装进同一包里，袋口捆扎处或拉链头上应附带写有床号、品名、款号、号型（码号）、包号的标志片（纸质、布质均可）。

（6）分好包的同一床裁片及时移交给缝制车间并办理移交手续（表 4-12）。

表 4-12 裁片移交表例

NO.1105325					年 月 日	
订单号	床 号	品 名	款 号	码 号	件 数	包 号
11/ST393-B	第二床	T恤衫	4NMBTOG1	39	150	1
11/ST393-B	第二床	T恤衫	4NMBTOG1	40	150	2
11/ST393-B	第二床	T恤衫	4NMBTOG1	41	150	3
11/ST394-B	第三床	男夹克	8N1118	S	200	4
11/ST394-B	第三床	男夹克	8N11184	M	200	5
11/ST394-B	第三床	男夹克	8N11184	L	200	6
11/ST394-B	第三床	男夹克	8N11184	XL	200	7
总件数	1250					
裁剪车间 移交人：				缝制车间 接受人：		

注 本表一式两份，裁剪、缝制车间各留一份。

总结

1. 裁剪工程是服装生产投产后的第一道工序，密切关系着产品的品质和后续生产的顺利进行，必须严格进行现场管理。
2. 排料划样工艺和裁剪工艺是裁剪工程的重点所在。

作业布置

1. 按以下数据编制一份裁床方案，并且每层不得超过8件。
   S：300件　　M：600件　　L：900件　　XL：600件　　XXL：300件
2. 阐述排料划样的技术要领和质量要求。

应用技能与管理——

服装缝制工程的运行与管理

> **课题名称**：服装缝制工程的运行与管理
> **课题内容**：缝制机械
> 　　　　　　成衣缝制前的准备
> 　　　　　　缝制车间机台的布局
> 　　　　　　以质量为中心的缝制生产管理
> **课题时间**：6课时
> **训练目的**：使学生了解缝制工程是服装生产企业的核心工程，由于机械多、人员多、工序多，从而决定了缝制工程的现场管理必须以质量为中心对生产进行严格管理；让学生掌握缝制工程的运行与管理方法。
> **教学方式**：播放幻灯片和视频展示缝制车间的作业情景，并进行讲解。
> **教学要求**：1. 通过播放幻灯片和视频，让学生认识各种缝制机械和缝制车间的作业现场。
> 　　　　　　2. 让学生掌握服装缝制工程大流水线作业工序分析图的编制。
> 　　　　　　3. 使学生了解缝制工程的复杂性和质量缺陷的易发性，加深以质量为中心的缝制作业现场管理意识。

第五章　服装缝制工程的运行与管理

缝制工程是服装生产中最关键、最复杂的一项系统工程，它的任务是将平面的衣片组合成一件件立体的成衣。缝制工艺工序多，容易出现的缝制缺陷也较多，这需要车间管理人员加强现场管理，严控工序质量。图 5-1 和图 5-2 所示为缝制车间作业现场和作业运行图。

图5-1　缝制车间作业现场

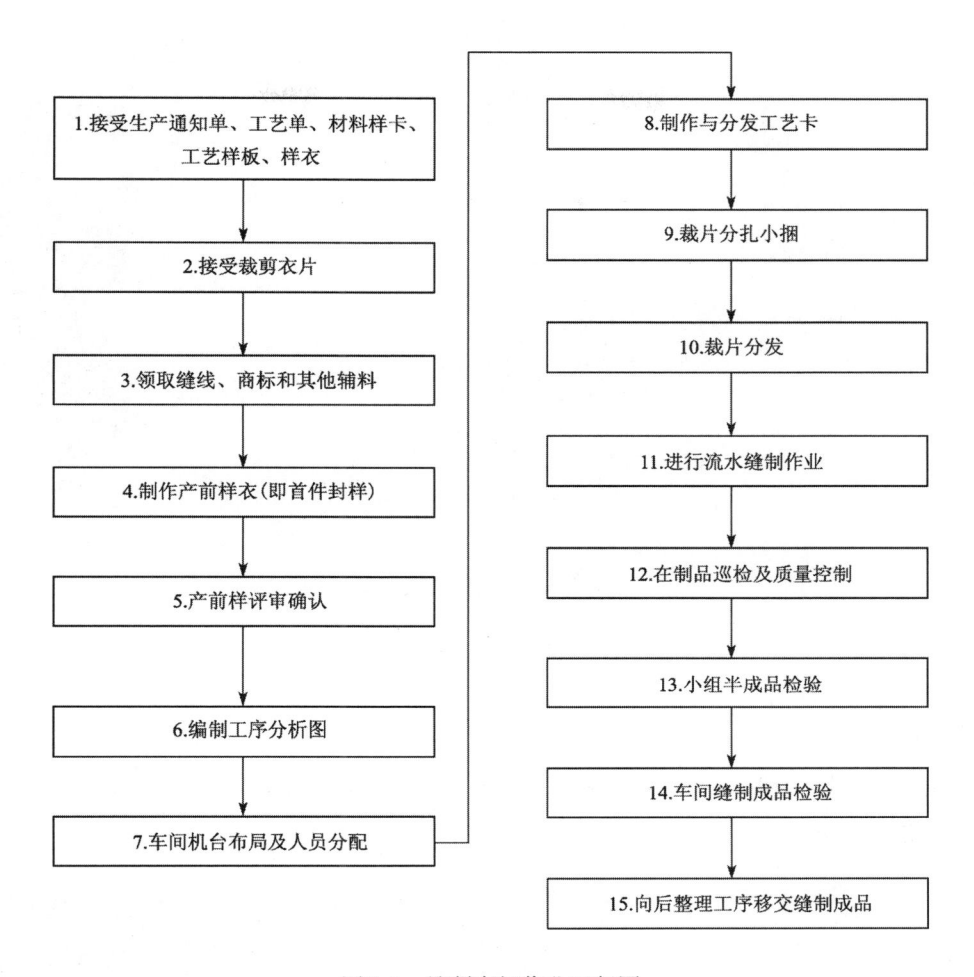

```
1.接受生产通知单、工艺单、材料样卡、          8.制作与分发工艺卡
  工艺样板、样衣
          ↓                                      ↓
2.接受裁剪衣片                                  9.裁片分扎小捆
          ↓                                      ↓
3.领取缝线、商标和其他辅料                     10.裁片分发
          ↓                                      ↓
4.制作产前样衣(即首件封样)                    11.进行流水缝制作业
          ↓                                      ↓
5.产前样评审确认                               12.在制品巡检及质量控制
          ↓                                      ↓
6.编制工序分析图                               13.小组半成品检验
          ↓                                      ↓
7.车间机台布局及人员分配                       14.车间缝制成品检验
                                                 ↓
                                               15.向后整理工序移交缝制成品
```

图5-2　缝制车间作业运行图

第一节　缝制机械

由于科学技术的不断进步发展，相应地，缝制机械也由以往单一的通用缝纫机向专业的多机种转化，缝制机械的多样化发展不仅可以减轻劳动强度、提高生产效率，而且还大大地提高了缝制质量。下面着重介绍四种现今服装生产企业常用的缝制机械。

一、粘衬机

缝制工艺的第一道工序是将黏合衬贴在所需衣片的反面，使之平服挺括。黏合衬的一面涂有一层黏胶，为热熔粘合。粘衬机通过加热加压的原理将黏合衬和裁片粘贴牢固。粘衬作业见图 5-3。

图5-3　粘衬作业

二、包缝机

包缝机也叫锁边机，分三线、四线、五线三种，它的作用是将衣片的边缘锁牢，以防泄纱。包缝作业见图5-4。

图5-4　包缝作业

三、平缝机

平缝机是普通服装生产企业缝制车间使用最多的缝制机械,在缝制工艺中,它几乎能完成全部的作业,所以被各大、中、小型服装生产企业广泛使用。图 5-5 所示为缝制车间内的平缝机作业。

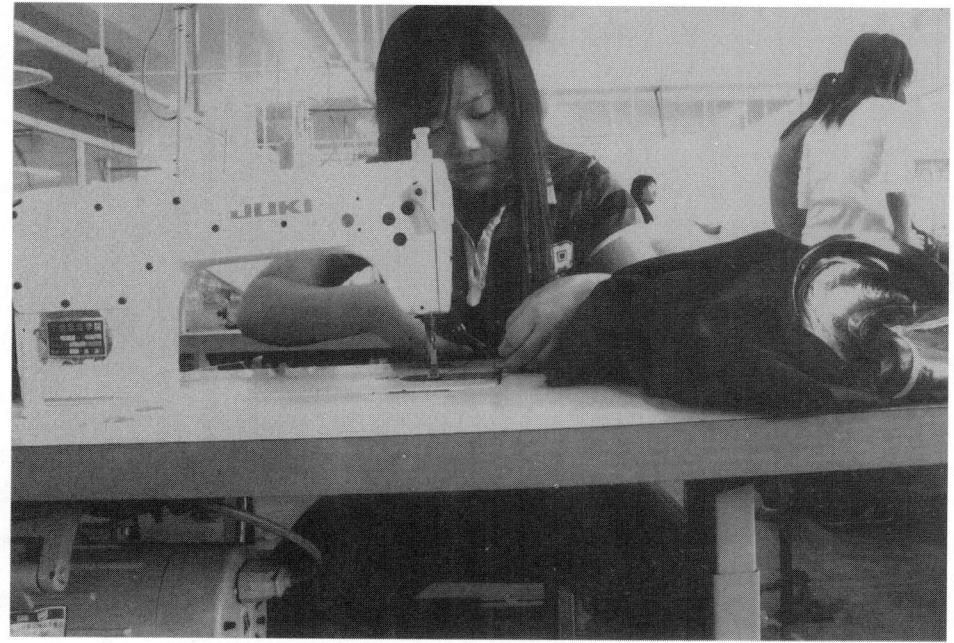

图5-5 平缝机作业

四、特种机

特种机（专业机）在西服流水线上应用最多，衬衫流水线上也有，这种机械只能完成一道特定的缝制工艺。

1. 双针同步机与四针同步机

双针同步机专门用来缝制双线迹明缝，这种机械在专业衬衫厂用得最多。另外还有一种双针双链机，正面呈双虚线迹，反面呈双链式线迹，一般用于牛仔服装，其缝口牢固，适合缝制厚型布料。双针同步机和四针同步机作业如图5-6和图5-7所示。

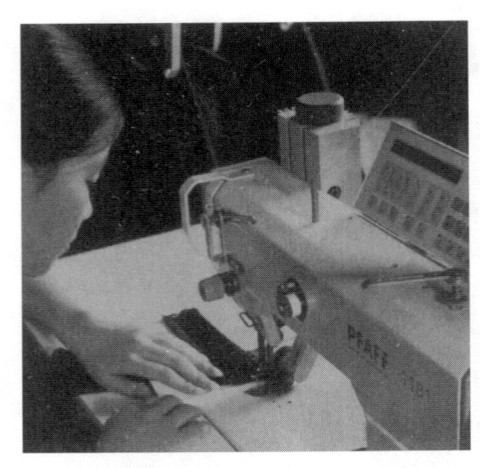

图5-6　双针同步机作业

图5-7　四针同步机

2. 电脑绱袖机

电脑绱袖机由计算机控制，一般用于西服绱袖，它从袖山起点开始进行"吃势"工艺作业，一针一针逐步多"吃"，直至袖山顶点，使绱袖效果丰满圆顺而无皱褶。电脑绱袖作业如图5-8所示。

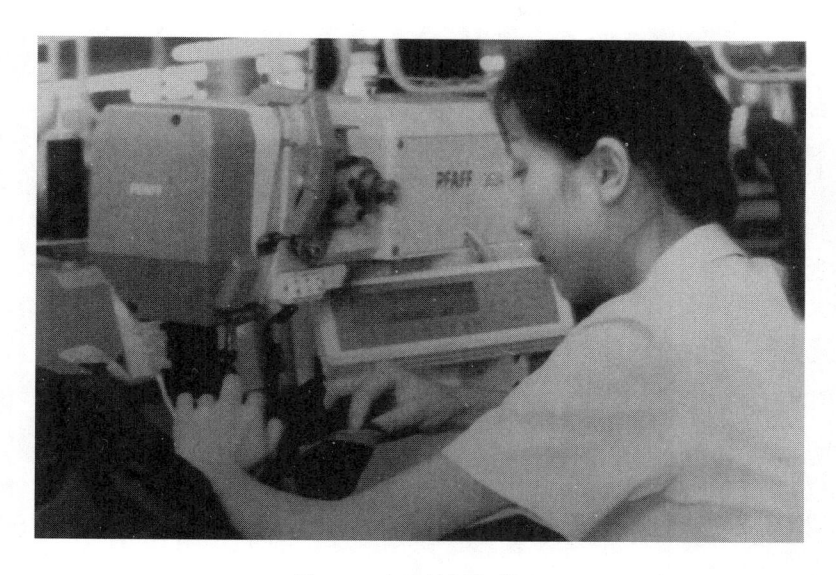

图5-8　电脑绱袖机作业

3. 电脑开袋机与电脑压袋机

双嵌线袋是平缝机最难做好的一道缝制工艺，而利用电脑开袋机和电脑压袋机两台设备，就可以自动完成双嵌线袋的全部工艺作业，所缝制的袋口整齐、美观。图5-9和图5-10所示为用来制作西服大袋和西裤后袋的电脑开袋机和压袋机作业。

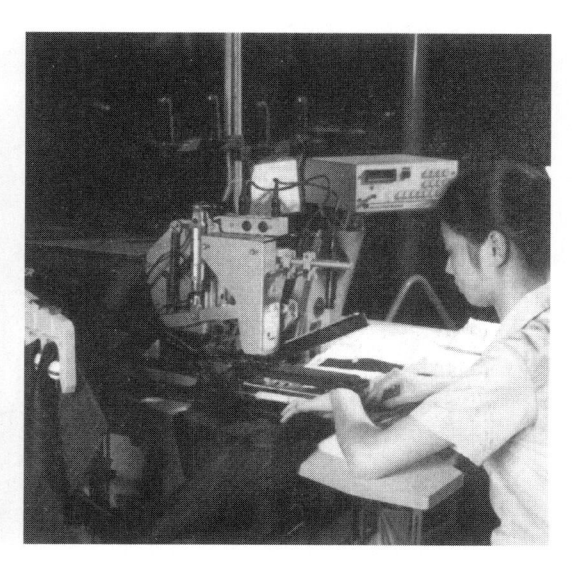

图5-9　电脑开袋机作业　　　　　　　图5-10　电脑压袋机作业

4. 敷衬机

敷衬机专门用于西服敷胸衬、驳衬，其作业过程是将各种布衬放于西服前片反面的胸部和驳头处，然后通过敷衬机作业，将衬布与面料连缝在一起，而正面看不到任何针迹，见图 5-11。

图5-11　敷衬机作业

5. 埋夹机

埋夹机是一种能够自动将裁片缝头相互包裹的双针双链机，它主要用于缝制男衬衫袖底缝、摆缝和牛仔服装。埋夹机作业如图 5-12。

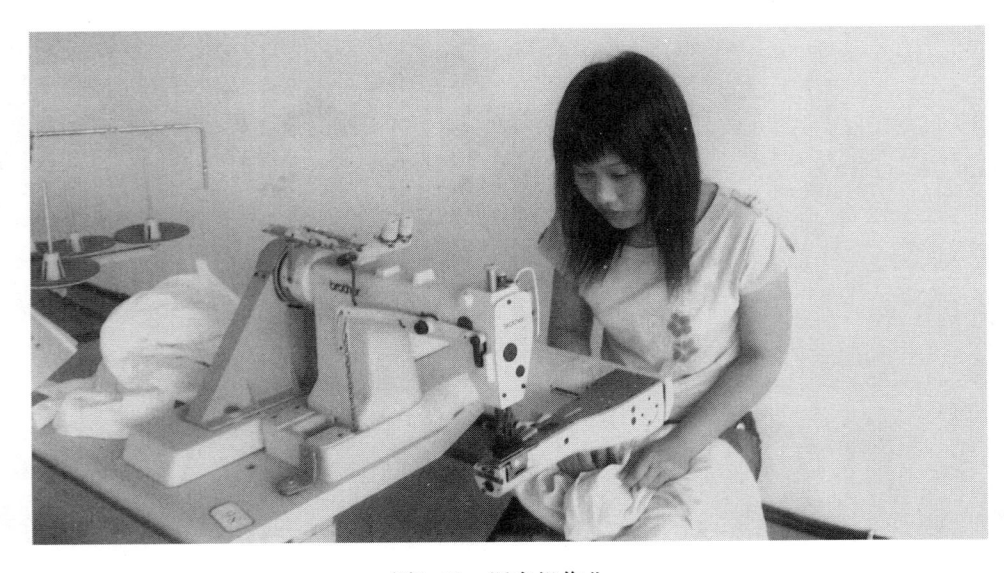

图5-12　埋夹机作业

第二节　成衣缝制前的准备

　　成衣缝制因工作人员多、设备多、衣片多、工序多，所以管理起来很复杂，出现质量缺陷的频率在各生产流程中最多。鉴于此，作为缝制现场的管理人员，一定要对其进行有序的管理和有效的控制，以保证成衣缝制的顺利进行。

一、产前样衣制作

　　产前样衣也称首件封样，其作用有两方面，一方面是用以供客户确认的；另一方面是通过缝制产前样衣，可以发现产品的缝制难点和质量缺陷，便于批量生产的质量控制，也可以为工序定价提供可靠、公平的依据。产前样衣与确认样衣最大的不同是，产前样衣制作时必须使用订单指定的原材料，不可采用替代材料，而确认样衣则可以使用替代材料。产前样衣代表成衣的质量，一旦确认后双方都应封样，交货后双方都以产前样衣的质量标准为依据验货。某些中、小服装生产企业为了博得客户的信赖，往往由生产组长或高级技术工人制作产前样衣，虽然能暂时取得客户的满意，但会对以后交货时的验货工作造成严重的影响，所以必须对制作产前样衣进行严格的规范，其原则如下：

　　（1）在缝纫工中按工序需要，随机抽调若干名员工组成一条模拟生产流水线。

　　（2）按客户订货规格数，将每个规格制作两件产前样衣，双方各执一件封样。

　　（3）对制作产前样衣的每道工序都必须用秒表计时（包括拿、放、做、小烫、送等动作）。全部产前样衣完成后，取每道工序的平均工时作为大货生产的工序计价工时。

　　（4）从产前样衣的制作中发现本款服装的缝制难点和事故易发点，为大货生产提供质量监督的重点。

　　（5）产前样衣制作完成后，由厂长、车间主任、生产组长组成样衣评审小组，提出修改意见，做好评审记录，直到合格为止。

　　（6）合格后由评审人员签名，以示负责。

　　（7）评审后填写首件封样表（表5-1）。

二、流水作业的分析与编排

　　成衣的生产通过流水作业来完成，缝制要确保质量规范，绝不可让一个操作工进行整件加工，这不仅影响速度，还会造成质量差异。从原则上讲，工序分得越细，生产效率越高，质量越好。20世纪90年代以前，固定产品多，款式少，出口服装也是订单大、数量多、款式单一，这样便于精细编排流水线，俗称"大流水"。此种流水线有利于计算流水节拍和工序的标准工时，合理安排操作人员。进入21世纪以后，除少数固定产品外，不管是出口还是内销，服装产品都呈现出数量少、款式多、变化快的特点。为了适应这种变

表 5-1 首件封样表

客 户		款 号		品 名		颜 色	
订单号		规 格		生产线		日 期	
主要部位尺寸测量记录				封样意见			
测量部位	要求尺寸	样衣尺寸	极限偏差				

化，克服"大流水"周期长的弊病，只能按部件分工和较粗略地分几道工序进行流水生产，俗称"小流水"，但此种方式对操作工的技术水平要求较高。以男衬衫为例，其小流水和大流水的工序编排分别如下。

1. 小流水线编排（图5-13）

小流水线作业，一般指用 10 道以下的工序完成一件成衣缝制的流水作业，工序的调整简单灵活，适合款式多、数量少的订单。

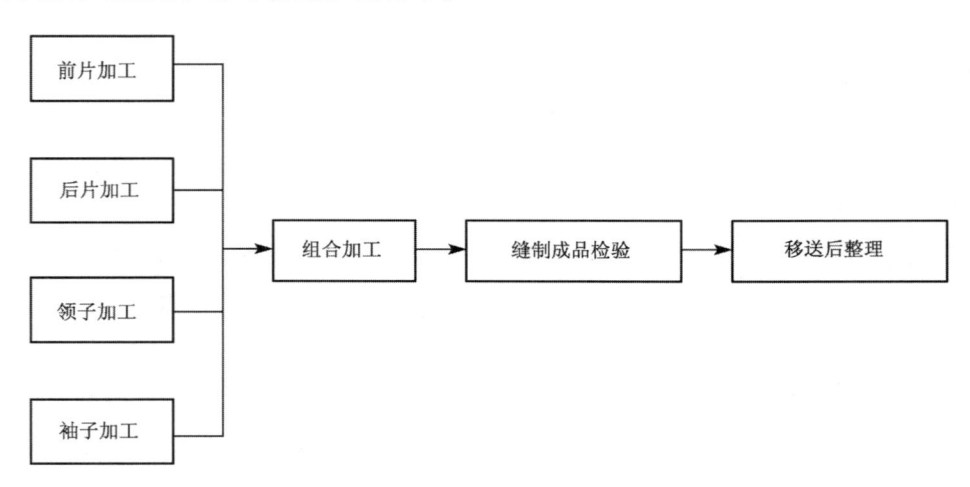

图5-13 小流水线编排

2. 大流水线编排

大流水线的编排是先把整件衣服分成几个主要的部件，将这几个部件分成几条分支流水线，然后再对每一条支线进行精细分工（或称极致分工），分成的每一道工序只做一小道加工。部件工序分好后，再进行组合分工，形成基本流水线。支线和基本流水线就形成一个树状的缝制工序分析图（图 5-14），即大流水线编排图，缝制作业就可按此图所示的工序先后进行流水生产。大流水线工序分析图中的标志说明和流水线工序表分别如表 5-2 和表 5-3 所示。

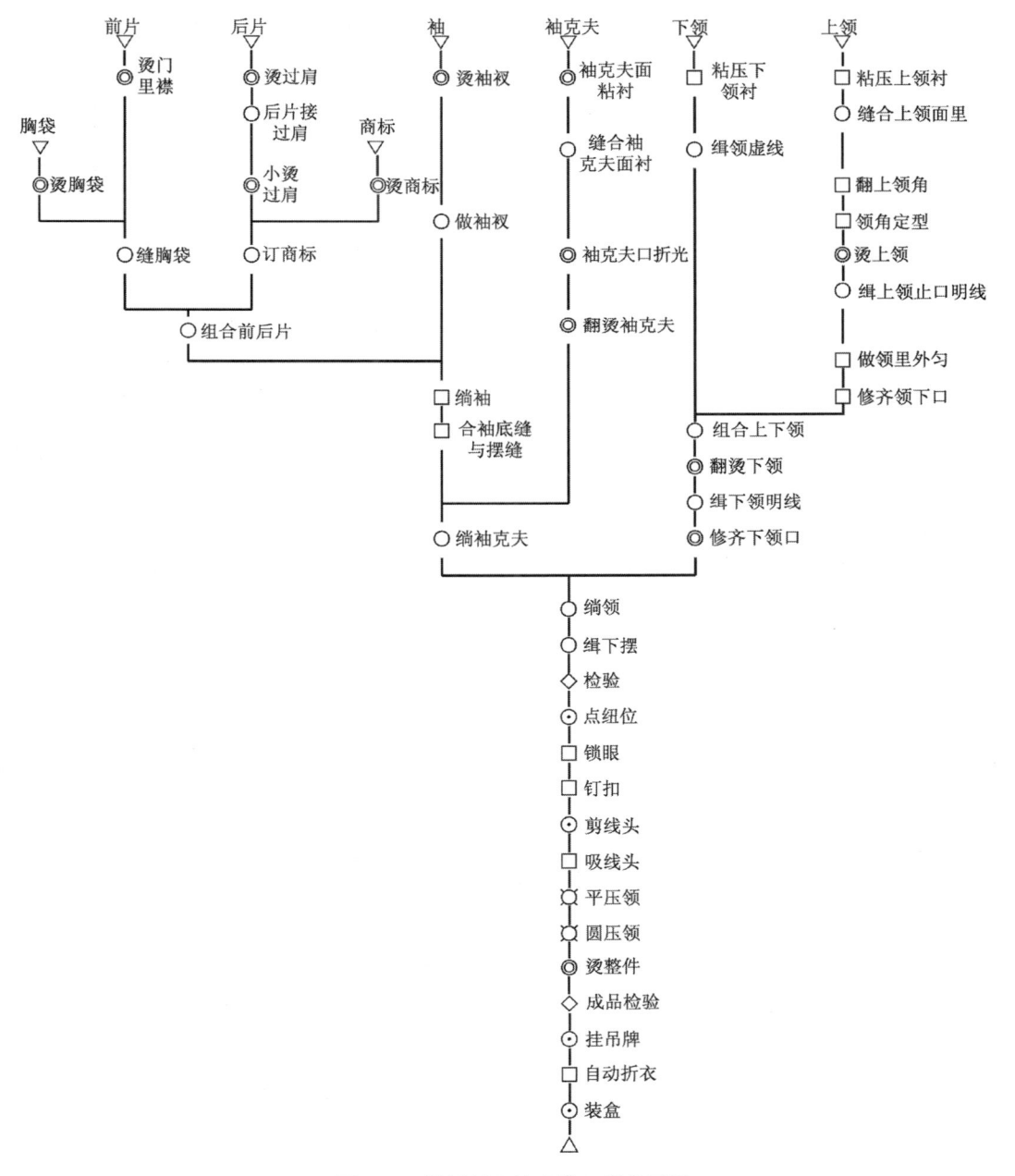

图5-14 男衬衫大流水线工序分析图

表 5-2 大流水线工序分析图标志说明

标　志	说　明	标　志	说　明
▽	裁片等待	◎	熨烫作业
○	平缝机作业	¤	压烫作业
□	专用机作业	◇	检验作业
⊙	手工作业	△	全部作业完成

表 5-3 流水线工序表（以男衬衫订单为例）

　　　　　　　　　　　　　　　　　　　　　　　　　　年　月　日

订单号：NO.11050102　　　　款号：NCS11036　　　　产品名称：男衬衫

工序号	工序名	使用机械	人数	工序号	工序名	使用机械	人数
1	烫门里襟	蒸汽熨斗	1	25	烫上领	蒸汽熨斗	1
2	烫胸袋	蒸汽熨斗	2	26	缉上领止口明线	平缝机	1
3	缝胸袋	平缝机	1	27	做领里外匀	手工	1
4	烫过肩	蒸汽熨斗	1	28	修齐上领下口	带刀平缝机	1
5	后片接过肩	平缝机	1	29	组合上下领	平缝机	1
6	小烫过肩	蒸汽熨斗	1	30	翻烫下领	蒸汽熨斗	1
7	烫商标	蒸汽熨斗	1	31	缉下领明线	平缝机	1
8	订商标	平缝机	1	32	修齐下领口	带刀平缝机	1
9	组合前后片	平缝机	2	33	绱领子	平缝机	2
10	烫袖衩	蒸汽熨斗	1	34	卷缉下摆	平缝机	2
11	做袖衩	平缝机	2	35	缝制成品检验	手工	3
12	袖克夫面粘衬	粘衬机	1	36	点纽位	手工	1
13	缝合袖克夫面里	平缝机	1	37	锁扣眼	平头锁眼机	3
14	袖克夫口折光	蒸汽熨斗	1	38	钉纽扣	钉扣机	3
15	翻烫袖克夫	蒸汽熨斗	1	39	剪线头	手工	5
16	绱袖	双针双链	2	40	吸线头	吸线头机	2
17	缝合袖底与摆缝	埋夹机	2	41	领子平压烫	压领机	2
18	绱袖克夫	双针平缝链	1	42	领子圆压烫	圆领机	2
19	粘压下领衬	粘合机	1	43	烫整件	吸风熨烫台	5
20	卷缉领虚线	平缝机	1	44	成品总检	手工	8
21	粘压上领衬	粘合机	1	45	挂吊牌	手工	1
22	缝合上领面里	带刀平缝机	1	46	自动折衣	自动折衣机	2
23	翻上领角	翻领机	1	47	装盒	手工	1
24	领角定形	领角定形机	1				

三、工艺卡的制作与分发

服装生产工艺单是指导服装生产全过程的一种工艺技术文件。因为工艺单牵涉面大，牵涉的工艺、工序多，特别是缝制工艺复杂、工序繁多，所以一张工艺单不可能面面俱到。有些固定产品，如西服、衬衫，其工序多则几百道，少则几十道，不是一张工艺单能涵盖的，只有通过制作工艺卡，把每一道工序的工艺及要求印在上面，既能说清楚，文字又简洁，使操作工一看就明白本工序的工艺要求，按工艺卡操作，即能把本工序做好。图5-15所示为衬衫贴袋工序工艺卡。

```
工序：3                衬衫贴袋

    放好袋位，袋与前身条子对准，起落针要车缝3mm三角形回针加固，
止口明线，1mm宽，用高低压脚缝制。中间不能跳针，不能断线。
```

图5-15　衬衫贴袋工序工艺卡

第三节　缝制车间机台的布局

缝制车间的机台布局是根据缝制员工的数量、车间面积的大小、流水线的大小、交货时间的长短等因素分别采用不同的布局。其原则是既要保证产品的质量，又要提高生产效率，以下介绍五种不同的机台布局。

一、横列对排式机台布局

机台与机台两头相互连接，横向排成一列，两列相对称，中间用布料或木制材料做成一条半圆形的放置槽，宽约70~80cm，既可放置服装部件的半成品或成品，又可作为工序传送的工具。因节约使用面积，这种车间机台布局常被一些没有标准厂房的小型企业采用，适合于小批量、多款式、变化快的成衣生产。见图5-16。

二、纵列课桌式机台布局

现代大、中型服装生产企业都有标准厂房，对缝制车间的使用面积会做周密的计算，一个车间的机台要排几行、几排、过道有多宽，事先都会进行设计，使得机台布局既方便流水作业又宽松舒适。大多数缝制车间的机台布局采用纵列课桌布局，此布局便于输送裁片，转移半成品和制成品，也便于质量管理，且适用于大、小流水作业，是目前大、中型服装生产企业缝制车间普遍采用的一种机台布局。见图5-17。

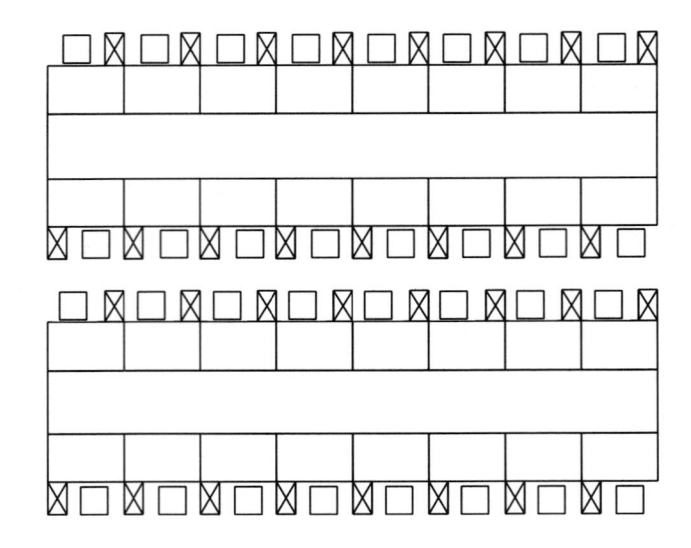

图5-16 横列对排式机台布局

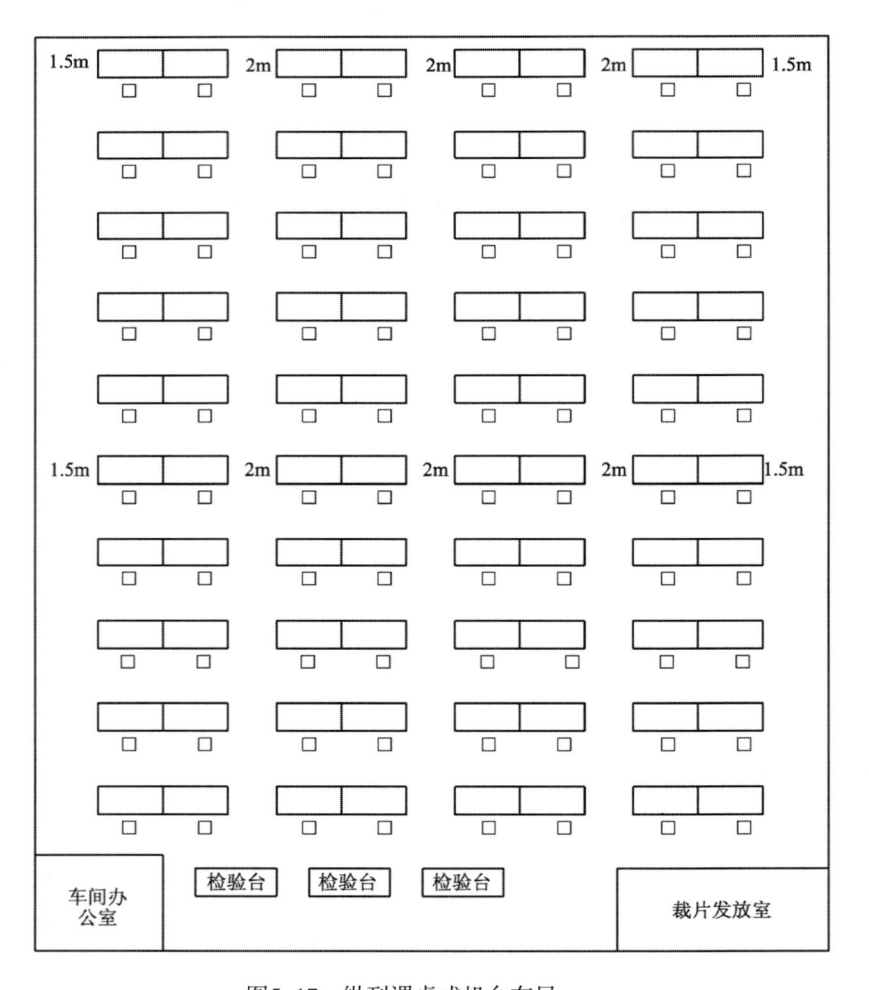

图5-17 纵列课桌式机台布局

三、集团式机台布局

集团式机台布局，是把一个缝制车间的纵列课桌式机台布局，按成衣的几个主要部件将其分割成几个加工小组，每一个加工组按大流水的精细工序，安排机台的数量、机种以及操作工，完成一个部件的制作，如前片、后片、袖子、领子、过面、小件。然后把这些部件汇总到组合加工组，再进行组合加工，最后完成一整件成衣的制作。这种机台布局只适合大批量的固定款式的大流水作业。见图5-18。

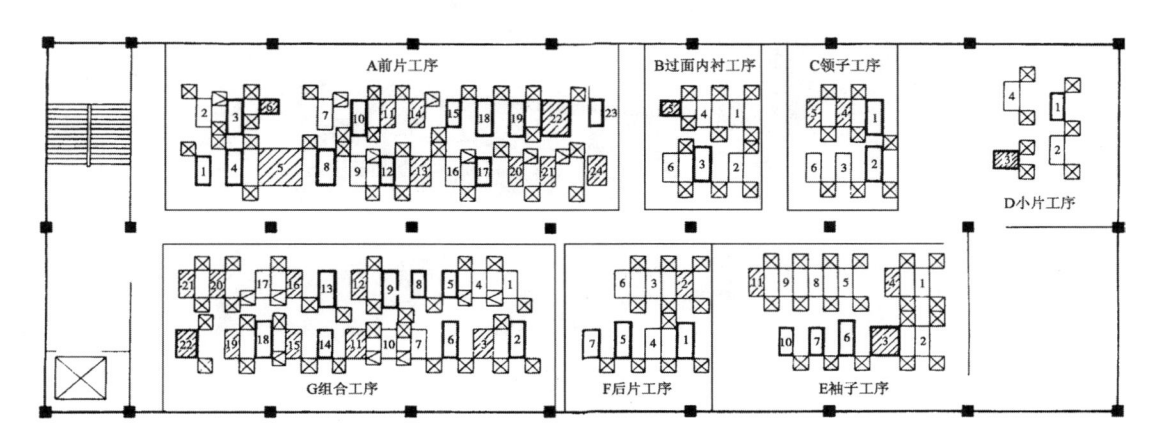

图5-18　集团式机台布局

四、吊挂式机台布局

目前，我国只有实力雄厚的西服制造业才有能力从国外引进成套的吊挂式西服流水线。整条流水线系统从第一道工序到最后一道工序，按计算机编制好的程序，将裁好的衣片从第一道工序吊挂到下一道工序逐道加工。加工的设备多为专业机械，作业精细而快速，自动化程度很高，可以克服员工技术水平的限制。图5-19和图5-20所示分别为吊挂式机台布局示意和作业现场。

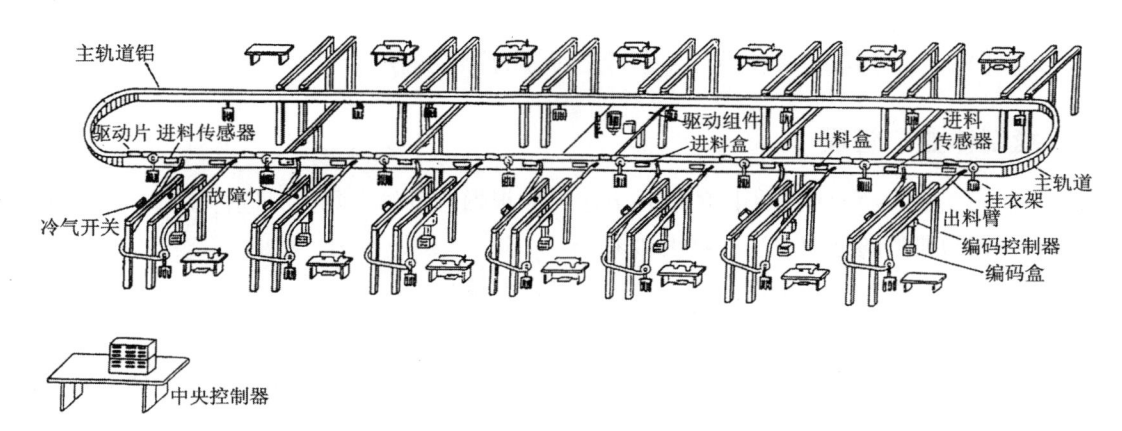

图5-19　吊挂式机台布局示意

图5-20　吊挂式机台作业现场

第四节　缝制作业现场管理

目前，我国的成衣缝制工艺在很大程度上取决于缝纫工的技术水平。由于技术工人的流动性很大，新工人不断加入，要建立一支稳定和高技术的工人队伍，实为不易。再加上缝制作业一般执行的是计件工资，工人为了取得较高薪酬，往往出现只顾数量而忽视质量的现象。过去那种只管生产进度（即数量）的生产现场管理方法，在进入21世纪以后，发生了根本性的变化。为了在市场竞争中（特别是国外市场）取得胜利和发展，国内服装生产企业纷纷转向以质量为中心的生产管理。因为缝制车间人数多、工序多、质量问题繁杂，为了保证产品质量，必须推行一套行之有效的管理方法。

一、缝制作业的管理

不同的服装生产企业有不同的管理方法，应根据自身的实际情况进行制订。以下介绍的是一些较为典型的管理方法，可供参考。

（1）要推行全过程、全员的质量管理，动员全体员工切实做好本职工作，并具备既是生产者也是质量控制者的意识，实行自检、互检、专职检验相结合。

（2）坚持按标准生产，开工前，车间主任要用图示和讲解的办法贯彻工艺标准，发放"工艺卡"，使每个操作工能透彻了解本工序的工艺标准。

（3）在服装的缝制难点和事故易发点设置质控点，不让质量缺陷产生。

（4）投产后，生产组长需立即到生产线有针对性地进行技术指导，不能因个别工人技术差而影响整批成衣的质量。

（5）车间主任在投产两小时后必须到生产车位进行巡检，抽检各工序的在制品，如发现质量缺陷，应示范矫正。每天坚持车位被巡检两次，上、下午各一次，并做记录。

（6）严格控制返工率。事先根据缝纫工的技术等现状，制定一个合理的返工率标准（一般以7%为标准），每天统计一次，一旬奖罚一次。奖罚标准可根据返工率超过或降低标准的百分点制定奖罚金额，但应注意罚款标准不宜过大，不要因奖罚而影响工人情绪和生产效率，以达到提高工人质量意识为目的。

（7）每天制作并公示车间合格率波动图、小组和个人返工率表，以激励员工努力提高产品质量。

二、管理图表的编制与填写

管理图表是辅助管理的重要工具，操作性强，有助于实现现场管理的规范化、科学化，有助于服装生产由传统管理向现代化企业管理转化。

1. 巡检记录表

此表（表5-4）一般由车间主任或厂长巡检时使用，它能有效地防止质量缺陷蔓延。

表5-4　缝制质量巡检表

　　　　　　　　　　　　　　　　　　　　　　　　　　　年　　月　　日

订单号		款　号		产品名称	
小　组		员工姓名		工序名	
巡检数		返工数		返工率	

质量缺陷描述：

矫正后情况：

　　　　　　　　　　　　　　　　　　　　　　　　　　　　　　巡检人：

2. 缝制车间质量波动图

质量波动图是在坐标内，用线条连接每日的成品合格率，它能直观地反映成品质量的走势，向管理人员和操作人员提供动态的质量信息，有利于管理者能即时采取相应的对策。

（1）先编制一张合格率记录表，每天填写一次，见表 5-5。

表 5-5　合格率记录表例

2011 年 5 月 29 日

日　期	款　号	品　名	合格率（%）	日　期	款　号	品　名	合格率（%）
1	B0351	女衬衫	85.6	16	B0527	牛仔衣	90.0
2	B0351	女衬衫	86.0	17	B0527	牛仔衣	90.6
3	B0351	女衬衫	89.0	18	B0527	牛仔衣	91.2
4	B0351	女衬衫	90.5	19	B0527	牛仔衣	92.0
5	B0351	女衬衫	90.8	20	B0527	牛仔衣	92.5
6	B0351	女衬衫	91.5	21	B0527	牛仔衣	93.7
7	B0351	女衬衫	92.0	22	B0527	牛仔衣	94.0
8	B0351	女衬衫	93.0	23	B0527	牛仔衣	95.2
9	B0351	女衬衫	92.5	24	B0527	牛仔衣	96.0
10	B0351	女衬衫	94.0	25	B0527	牛仔衣	97.8
11	B0351	女衬衫	95.8	26	B0527	牛仔衣	98.5
12	B0351	女衬衫	96.0	27	B0527	牛仔衣	99.2
13	B0351	女衬衫	95.7	28	B0527	牛仔衣	99.5
14	B0351	女衬衫	96.5	29	B0527	牛仔衣	99.5
15	B0351	女衬衫	97	全月合计			

（2）同时绘制一张横坐标为日期、纵坐标为合格率的坐标图。

（3）每天将合格率标示在对应日期的竖线上，然后把日期上的点用直线连接起来，那么一月中的合格率就会以动态的形式表现出来，如图 5-21 所示。

缝制质量波动图，实际上是将全车间每天的产品合格率用坐标的形式动态地表现出来，能一目了然看出合格率的波动幅度，而且能看出波动趋向，可以使员工心中有数，也能在合格率下降时提醒管理者采取相应的对策。

3. 返工率统计表

返工率统计表有助于现场管理人员采取各种手段有效地控制返工率，最低限度地降低返工对产品质量、生产效率、生产成本造成的影响。返工率统计表主要包括对个人、小组、车间返工率的统计。

（1）个人返工率统计表：员工个体就是企业的细胞，生产管理要以质量为中心，首先就要控制个人返工率，这样才能提高一次性合格率。个人返工率太高不仅会影响生产成品

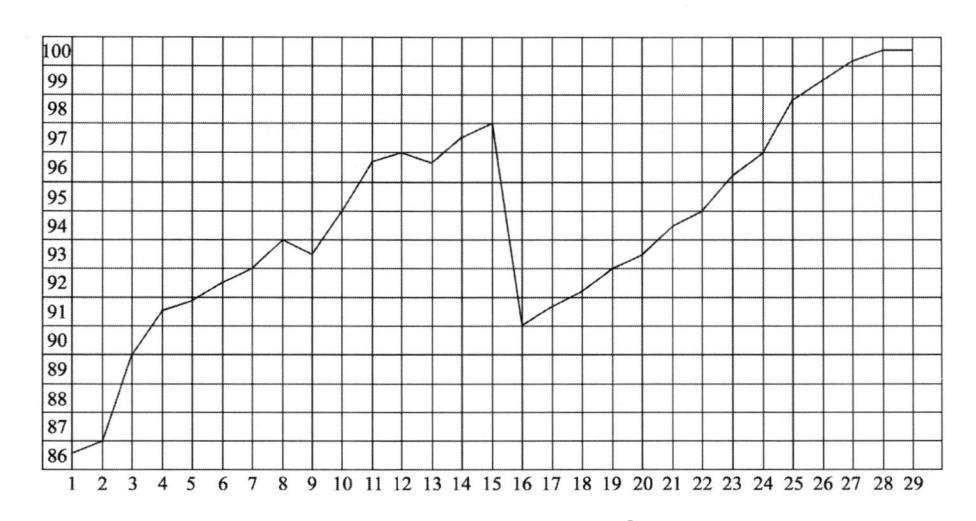

图5-21 缝制质量波动图（合格率图）例

的质量，也会增加制造成本，每返工一次，在制品的单件耗电量、缝纫线的单耗会增加一倍，还有加工时间、检验时间也随之增加。同时，个人返工率还决定着小组返工率、车间返工率的高低。所以必须采用有效的手段牢牢地控制住每一个操作工的个人返工率。表5-6所示是缝制车间操作工某月上旬的返工率统计表。

表 5-6 个人返工率统计表例

第二组　　王翠五月上旬返工率统计表			
日　期	款　号	交验数	返工数	返工率（%）
1	M-3916	80	7	8.8
2	M-3916	83	6	7.2
3	M-3916	85	5	6.0
4	M-3916	86	8	9.3
5	M-3916	88	10	11.4
6	M-2508	63	4	6.3
7	M-2508	67	5	7.5
8	M-2508	65	6	9.2
9	M-2508	68	8	11.7
10	M-2508	66	5	7.6
合　　计		751	65	8.7

（2）小组返工率统计表：小组的返工率无须每天统计公布。一般是每一旬以后，将全组每一个操作工的返工率综合统计在一张表上再上报，不实行奖罚，目的在于增加员工的集体荣誉感，并以此考核小组长的工作业绩，见表5-7。

表 5-7　小组返工率统计表例

第三车间　第二组 8 月上旬返工率统计表			
姓　名	款　号	交验数	返工数	返工率（%）
王　翠	M-3916；M-2508	751	65	8.7
苗青清	M-3916；M-2508	687	63	9.3
蔡　萍	M-3916；M-2508	707	58	8.2
黄晓晓	M-3916；M-2508	728	60	8.2
陈海妹	M-3916；M-2508	732	50	6.8
钱小华	M-3916；M-2508	698	58	8.3
邵爱爱	M-3916；M-2508	725	60	8.3
杨小虹	M-3916；M-2508	687	63	9.2
叶铃铃	M-3916；M-2508	694	64	9.2
白五妹	M-3916；M-2508	715	55	7.7
合　　计		7124	596	8.4

（3）车间返工率统计表：车间返工率和小组返工率统计表一样，只是把一旬以来各小组的返工率综合统计在一张表上，公布并上报品管部，并以此考核车间主任的工作业绩，见表 5-8。

表 5-8　车间返工率统计表例

第三车间　8 月上旬返工率统计表			
组　别	款　号	交验数	返工数	返工率（%）
第一组	M-3916；M-2508	7124	596	8.4
第二组	M-0462；M-1368	6857	480	7.0
第三组	M-8589；M-6201	7020	558	8.0
第四组	M-7853；M-2574	7209	610	8.5
合　　计		28210	2244	7.95

（4）全厂各缝制车间成品返修率汇总旬报表：该表不是把各缝制车间在制品返工率简单地综合汇总，而是在各工序操作工将半成品通过检验返修后，交组合加工工序制成成品，再上交车间专职检验员检验，不合格的成品再经过返修，合格后转到品管部进行缝制成品总检时所发生的返工率，实际也是车间检验员的漏检率。此表是将每天的交验数、返工数记录一次，一旬后统计一次而编成，一式三份，一份品管部留底，一份厂长留存，厂长核对后再上报总经理一份，见表 5-9。

4.全厂生产情况日报表

生产进度快慢会直接影响能否按期交货，所以无论是生产厂长还是总经理，都十分关心每天的生产进度情况。品管部每天都会把各车间经总检合格的成衣数量填入全厂生产情况日报表，见表 5-10，以供生产厂长和总经理及时了解情况，并做出相应的对策。

表 5-9　车间成品返修率汇总旬报表

JO 生表 NO.015　　　　　　　　　　　　　　　　　　　　　　　　　统计时段：6月11日至6月20日

数量＼日期　项目　缝制单位	11 交验	11 返修	12 交验	12 返修	13 交验	13 返修	14 交验	14 返修	15 交验	15 返修	16 交验	16 返修	17 交验	17 返修	18 交验	18 返修	19 交验	19 返修	20 交验	20 返修	合计 交验	合计 返修	旬平均返修率	旬返修率增减数	车间主任车间检验员（签名）
第一车间																									
第二车间																									
第三车间																									
第四车间																									
第五车间																									
平面车间																									
总　计																									汇报时间　月　日

厂长（签名）：　　　　厂长助理（签名）：　　　　品质主管（签名）：　　　　项目主管（签名）：

注　1. 此表由品管部主管填写并提供厂长助理核实确认，再由厂长核准。
　　2. 于每旬的第一日将上旬各车间返修率汇总提报厂长助理，厂长助理于次日转厂长核准后交总经理。

表 5-10　全厂生产情况日报表

　　　　　　　　　　　　　　　　　　　　　　　　　　　　　　　　　　　　　　　2010年12月28日

计划号	客户名称	款号	生产车间	下单数	投产日期	计划完成日期	当日完成数	第几天	累计完成	累计完成比重	备　注
A05108	长春公司	M0132	第二车间	4000 件	10/11/26	10/12/18	630	第 2 天	1220	4000/1220	
A12606	OLNK	M4158	第二车间	6000 件	10/11/15	10/12/02	550	第 13 天	4500	6000/4500	
A07077	横洋	N0056	第三车间	4500 件	10/11/22	10/12/13	600	第 6 天	3100	4500/3100	
A51406	程泰	J2508	第三车间	5000 件	10/11/12	10/12/29	580	第 16 天	5000	5000/5000	
											与前一天相比
										数量增减	百分比增减
										增　件/套	＋　　%
										减　件/套	－　　%
合　计											报表人：

5.成品、半成品月报表

一个月来全公司生产的成品数和半成品数，生产厂长有责任向总经理以月报表的形式汇报。表中的生产单位既包括本生产企业的各车间，也包括外发加工的协作单位。成品是日报表一个月的总和，半成品是正在车间加工的裁剪数、缝制品数、后整理件数、正在包装件数的总数。此表应由生产厂长根据各生产单位上报的数据经品管部汇总后，填报上交公司总经理，见表5-11。

表5-11 成品和半成品月报表

年　　月　　日

产品名称	订单号	计划数	生产单位	成品	半成品	备注

制表人：

总结

  1. 随着时代、技术的进步，服装缝制机械也发生了很大的变化，本章的阐述使学生了解目前较先进缝制机械的设备、性能和作用。

  2. 机台的布局必须符合流水线的运行程序，以便于生产，提高效率。

  3. 工序分析图的编制必须符合成衣款式、结构和工艺的要求，并把每一道工序分析到极致，以确保产品的品质。

  4. 在缝制工程中，必须运用规范、科学的表格对服装缝制生产进行现场管理。

作业布置

  1. 编制一张男西裤大流水线作业工序分析图。

  2. 以质量为中心的缝制作业现场管理包括哪些内容？

应用技能与管理——

服装后整理工程的运行与管理

课题名称：服装后整理工程的运行与管理

课题内容：锁眼、钉扣与打套结
剪线头与除污渍
整烫与包装

课题时间：4课时

训练目的：使学生了解广义的服装后整理工程的意义和作用，并了解各项作业的要领和质量要求，学会服装后整理的操作技能。

教学方式：利用课件幻灯片和视频展示服装后整理工程作业；可通过实习工厂的后整理训练，使学生掌握服装后整理的各项操作要领与操作方法。

教学要求：1. 使学生了解后整理的内容。
2. 使学生掌握后整理的技能与技师要求。
3. 各项后整理操作训练可在实习工厂进行。

第六章　服装后整理工程的运行与管理

　　大型服装生产企业是把锁扣眼、钉纽扣、打套结、剪线头、除污渍、整烫和包装另外组成一个后道组完成的，这是广义上说的服装的后整理。但是中、小型服装生产企业一般把锁扣眼、钉纽扣、打套结放在缝制车间的尾部完成，所以狭义的后整理只包括整烫和包装。本章将从广义的后整理来进行陈述。图 6-1 所示为后整理工程中整烫车间作业现场。

图6-1　整烫车间作业现场

第一节　锁眼、钉扣、打套结作业与管理

在服装工业没有形成之前，锁扣眼、钉纽扣一般用手工完成。例如，在过去没有套结机的情况下，平车工采用打回针的办法加固。服装工业在我国形成后，以上的专业机械一般从日本引进，实现了机械化，特别是有了套结机以后，套结作业的范围得以扩大，例如西裤的裤襻、袋口的两端、门襟的下端，现在都用套结加固，大大地提高了成衣的实用性。

一、锁扣眼作业

服装的扣眼分平头扣眼和圆头扣眼两种。图 6-2 所示是平头锁眼机，它一般用来给衬衫、T 恤、丝绸服装等夏季服装或薄料服装锁扣眼，扣眼形状呈"I"字形，两端套一小结，以增加扣眼的牢度。图 6-3 所示是圆头锁眼机，它一般用于西服、制服、防寒服等较厚面料服装的锁眼作业，扣眼呈"⌒"形，扣眼尾端套一小结以增加扣眼的牢度，扣眼一般为横向。锁扣眼必须遵循下列规则：

（1）分清平头扣眼和圆头扣眼，根据服装面料种类使用不同的锁眼机。

（2）必须用与号型相适应的扣挡板点扣位。

（3）锁眼线的性能和颜色必须与面料适应。

（4）锁扣眼的针距密度必须执行产品标准。

（5）眼位竖要直，横要平，不可有任何歪斜现象。

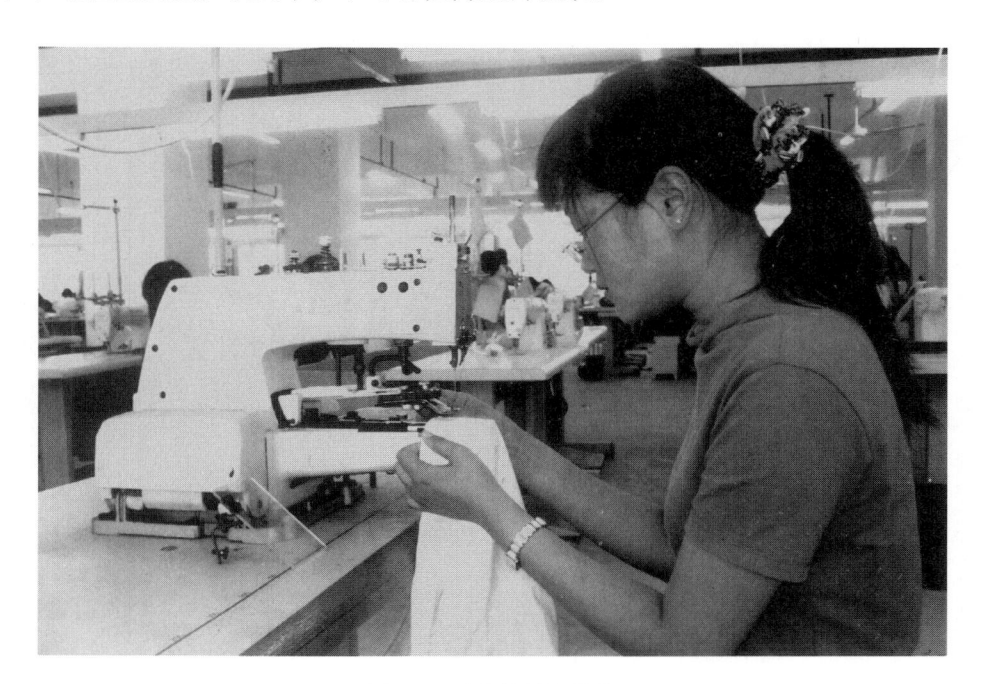

图6-2　平头锁眼机作业

图6-3　圆头锁眼机作业

二、钉纽扣作业

　　纽扣分线钉纽扣和敲钉纽扣（四合扣）两类。线钉纽扣主要有两孔和四孔，都用钉扣机完成作业（图6-4）。敲扣（四合扣）由四片组成，门襟上两片一合为母扣，里襟上两片一合为子扣，以前是由手工敲打固定的，20世纪90年代后开始改用敲扣机完成作业（图6-5）。敲扣多用在牛仔服装上，部分夹克衫和防寒服上也有使用。其他的服装大都用线钉

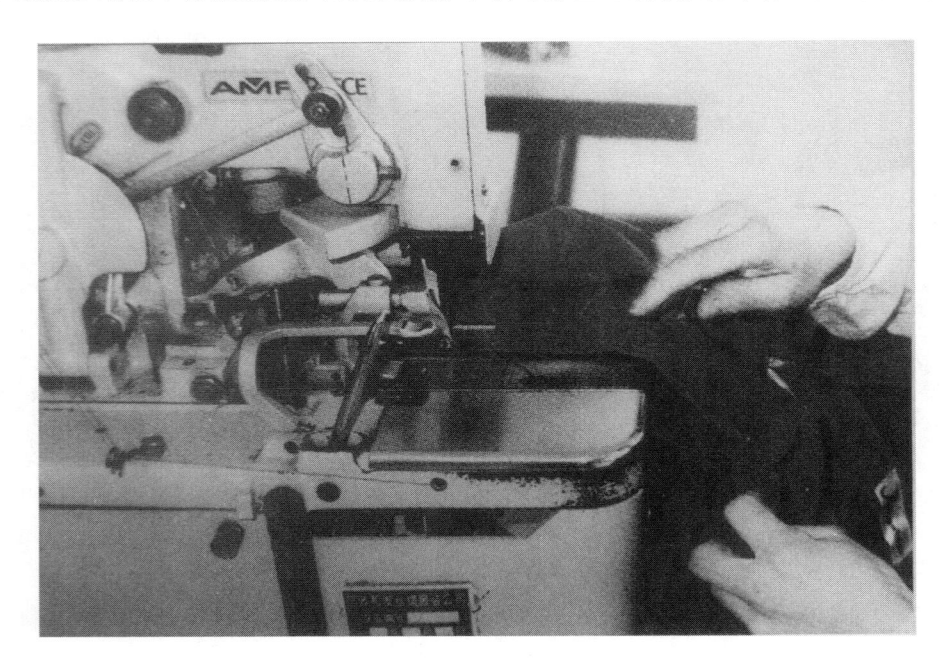

图6-4　钉扣机作业

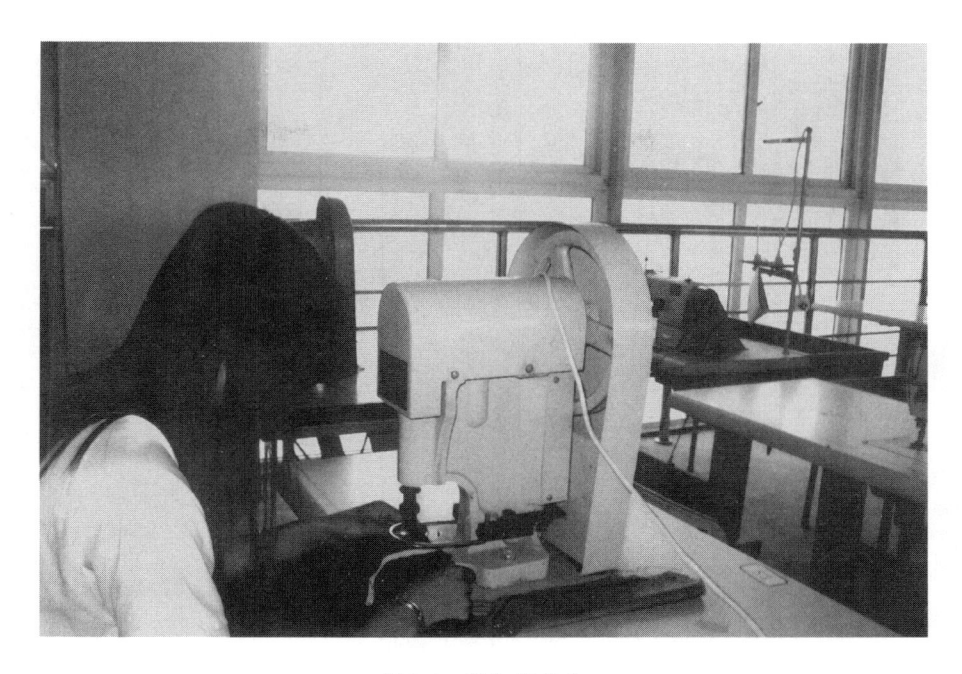

图6-5 敲扣机作业

纽扣。钉扣要遵循以下规则：

（1）钉扣线要与纽扣的颜色相适应。

（2）纽扣位要与扣眼相对应，在服装里襟中需钉在叠门线上。

（3）钉纽线的每孔根数必须执行产品标准。

（4）纽脚的高低要适度，线结不能外露。

三、套结作业

打套结俗称"打枣"，是对成衣容易脱开部位进行加固的一种工艺，例如上衣的双嵌线袋的两端、裤子的前插袋和后袋的两端、裤门襟下端、裤襻两端。因为套结机昂贵，故小型服装厂采用平缝机打回针解决。有一定规模的服装生产企业都用专业套结机进行作业（图6-6）。套结机打出的套结牢固、美观，其套结部位的纰裂强力超过300N，在穿用期间不易脱开，大大增加了成衣的牢度和安全性。套结作业要遵循以下规则：

（1）套结线需用本成衣的缝制线，以保持性能和色泽一致。

（2）套结位置按技术部提供的示意图或文字说明而定。

（3）分清套结横、竖、斜三种形式，摆好缝件。

（4）规范套结作业手势，不可遗漏套结。

四、检验

在完成锁眼、钉扣、套结作业以后，需要对其检验，并将相关检验情况填入锁眼、钉扣与打套结检验表（表6-1），并由检验人签名以示负责。

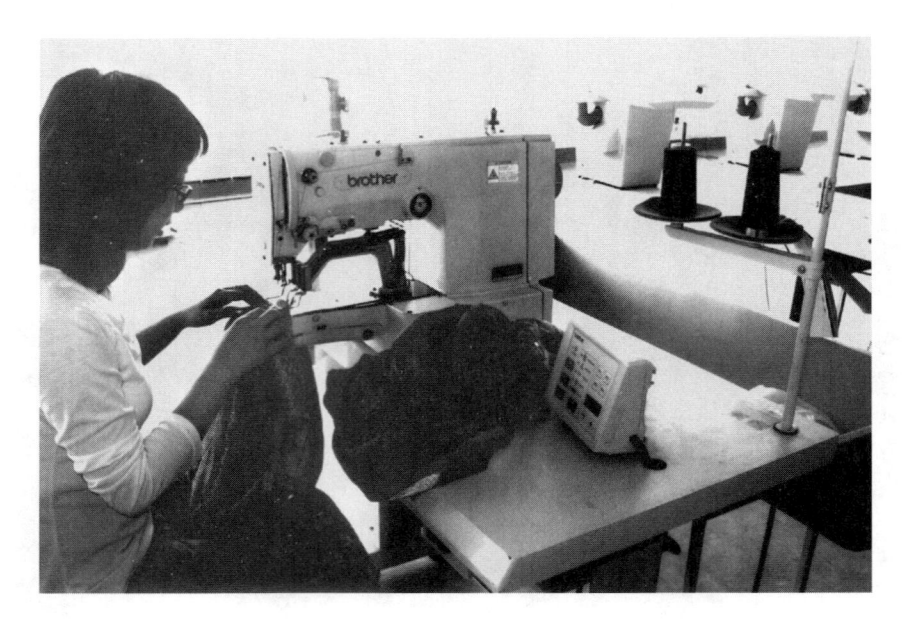

图6-6　套结机作业

表6-1　锁眼、钉扣与打套结检验表

					年　　月　　日
订单号		款　号		作业组	
锁眼类别		纽扣规格		服装品名	
1.锁眼	缺陷数量	抽检数	合格数	合格率	作业人
锁眼位置					
针距密度					
眼孔毛纱					
2.钉扣	缺陷数量	抽检数	合格数	合格率	作业人
钉扣位置					
每孔线数					
线结不外露					
3.打套结	缺陷数量	抽检数	合格数	合格率	作业人
套结位置					
套结形态					
漏　套					
检验意见：					
					检验人：

第二节　剪线头、除污渍作业与管理

剪线头与除污渍在服装生产企业中一般由杂工用手工操作完成。虽然其技术含量不高，但对提高服装的档次也有着重要的作用。国外出口商对中国服装提出"四害"的说法，其内容是："污渍多，线头多，缝制不良，整烫不良"。污渍排在第一位，线头排在第二位，可见剪线头、除污渍对提高出口服装的档次起着重要的作用。

一、剪线头作业

线头分为死线头和活线头两种。死线头是指在缝制作业中的锁眼、钉扣、打套结作业完成后，操作者没有剪下的0.4cm以上长度的线头。目前很多大、中型服装生产企业所使用的缝纫机械都有自动剪线装置，但仍会留不少死线头，有待人工修剪。一般客商都会以成品中存有死线头的多寡作为判断产品合格与否的标准。所以在处理死线头时不能掉以轻心，应遵守以下规则：

（1）操作工需将在本工序中造成的死线头修剪干净。

（2）车间管理人员，应随身携带一把线剪，巡检时发现死线头即时剪净。

（3）专职检验员，在质量检验时，应仔细检查，一旦发现死线头，即时剪净。

（4）专职剪线头工，应严格采用从上至下、从前至后、先表后里的规范方式修剪死线头（图6-7）。

活线头是指被剪掉的死线头或纱头在生产过程中重新沾在缝件上。客商也会以成品中存有活线头的多寡作为产品合格与否的标准，所以也需认真对待。拾捡活线头有以下几种方法。

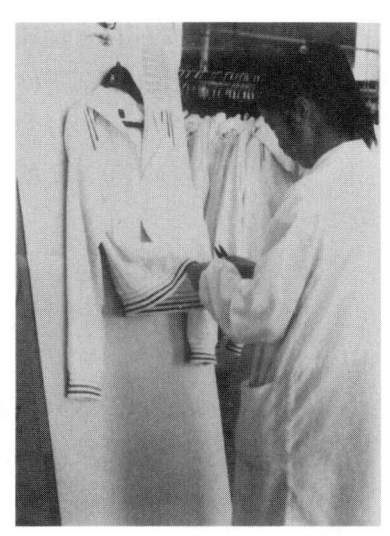

图6-7　专职剪线头作业

手捡法：将沾上活线头的成衣平摊在台桌上，然后一根根捡起放在剩线盒里，避免重复沾在成衣上。

滚粘法：在10cm直径的圆纸筒外层包一层塑料黏胶纸，然后将滚筒在沾有线头的成衣上来回滚动，以清除线头。

吸线法：利用吸尘器原理制成的吸线器清除活线头，此方法于20世纪90年代中期开始在具有一定规模的服装生产企业内采用，是清除活线头的好方法。

吹线法：利用鼓风机和直径60cm的帆布管道，把成衣放在风口上，利用强大的风力将活线头通过帆布管道吹进塑料剩线桶里。

二、除污渍作业

污渍在"四害"里排在第一位。缝件或成衣在制造和转移时可能会沾上污渍，如不除去，客商可能因此向生产商提出索赔，给生产商带来经济损失。因此在总检时要严格把关，对沾有污渍的成衣进行除污渍处理，成衣上的污渍大部分是汗渍、泥渍以及机油渍，去污应以预防为主，去污为辅，具体措施如下。

1. 预防措施

污渍的预防措施主要包括以下几个方面。

（1）保持车间的环境整洁，地面应铺上地板、瓷砖、地毯，墙壁应涂仿瓷涂料，并设专职保洁员全天保洁。

（2）员工上班时应先清洗手，再换工作鞋、工作服后再进车间上岗操作。

（3）开机前应先擦净机器和机台板面。

（4）开机后，先用废布条在机针处来回车缝若干遍，让溢出的机油滴在废布条上，至滴尽为止。

（5）不准用有色笔在缝件上做定位记号。

（6）不准携带任何食物和饮料进入车间。

（7）每位操作工必须严格遵守保洁措施，保证本道工序不出现任何污渍。

2. 去污方法

万一由于各种不可避免的或偶然的原因使缝件、成衣沾污，必须采取正确的方法除去污渍。

（1）对局部沾有灰尘、泥渍的成衣，可用牙刷蘸洗衣粉洗净局部。

（2）对小面积沾有机油的污渍，可用牙刷蘸汽油、酒精、香蕉水刷洗局部，刷净后，再用清水刷洗。

（3）对于大面积的踩脏和油渍，可以整件水洗或干洗处理，见图6-8。

（4）对于小面积的较顽固污渍，可以用装有强力洗涤剂的除污枪喷射除污，见图6-9。

图6-8　整件水洗除污作业　　　　图6-9　喷枪除污作业

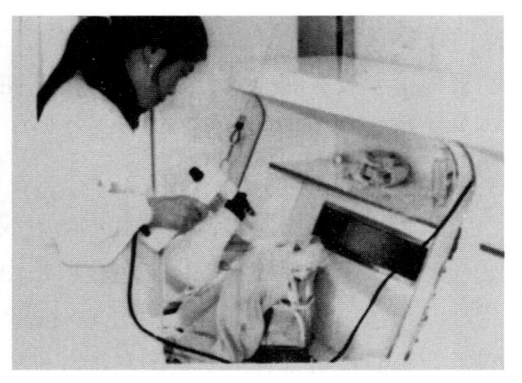

（5）其他各种污渍的除污法见表6-2。

表 6-2 常见污渍去除法

污渍名称	去 污 方 法
菜渍、乳汁	先用汽油擦去油脂，再用浓度为20%的氨水搓洗，除去污渍后，用肥皂或洗涤剂搓擦后用清水冲洗
水果汁	用食盐水或5%氨水搓洗。桃汁中含有高价铁，可用草酸搓洗，最后再用洗涤剂洗
茶渍	用70~80℃热水搓洗，或用浓盐水、氨水和甘油混合液搓洗
酱油汁	在微温的洗涤剂中，加进浓度为20%的氨水或硼砂溶液后刷洗漂净
红墨水渍	先用40%的洗涤剂，再用20%的酒精液或高锰酸钾液洗净
蓝墨水渍	如果是刚染上，可立即浸泡于冷水中用肥皂反复搓洗；若染上时间较长，则可用20%的草酸液浸洗，温度一般在40~70℃，然后再用洗涤液洗净
墨汁渍	可用饭团或面糊涂搓，亦可用1份酒精、2份牙膏制成的糊状物揉搓，再用清水漂洗
圆珠笔油渍	可用温水浸湿，然后用苯或丙酮搓擦后再用洗涤剂清洗。也可用冷水浸湿，涂些牙膏加少量肥皂轻擦，如有残渍，再用酒精洗除
油漆渍	可用汽油、松节油、香蕉油或苯搓洗，然后再用肥皂或洗涤剂搓洗
汗渍	用温度为40~50℃、浓度为1%~2%的氨水搓洗，再在草酸溶液中洗涤。丝绸织物可用柠檬酸洗涤，勿用氨水清洗
碘酒渍	浸入酒精或热水中使碘溶解，然后洗涤。也可用淀粉糊搓擦后用清水洗涤
动植物油渍	可用汽油、香蕉水、四氯化碳等溶剂去除

三、检验

在完成剪线头与除污渍作业以后，需对其进行检验，将相关检验情况填入剪线头与除污渍检验表（表6-3），并由检验人签名以示负责。

表 6-3 剪线头与除污渍检验表

						年	月	日
订单号		款　号		作业人				
剪线头	缺陷数量		抽检数		合格数		合格率	
死线头漏剪根数								
活线头漏捡根数								
除污渍	缺陷数量		抽检数		合格数		合格率	
漏除轻微污渍								
漏除严重污渍								
检验结论： 　　检验人：								

第三节　整烫与包装

整烫与包装是成衣生产的最后加工阶段，主要包括整烫、检验、折叠包装等工序。大部分服装生产企业是将整烫与包装合并在一个车间，这样省掉产品的转移环节，方便生产，而大型的服装生产企业则一般分为两个车间，以便管理。

一、整烫作业

俗话说"三分做，七分烫"，说明整烫工艺在成衣生产中具有重要作用。在现代服装生产中，手工整烫和机压整烫并用，这不仅使成衣平服无皱，还可以通过手工推、拔、归工艺为高档成衣造型和矫正缝制缺陷。另外，先进的压烫设备能对成衣的领部、驳头、胸部、肩部、袖部、裤管等一次定型，在达到美观挺括的效果同时，大大提高整烫的速度和效果。

1. 整烫规则

为了对整烫环节进行有序的管理，应制订相应的整烫规则。

（1）手工整烫必须使用蒸汽熨斗和吸风烫台，见图6-10。
（2）整烫前要按款号、号型分类堆放并做标志。
（3）按面料的成分、厚薄调整熨斗的蒸汽量和温度。

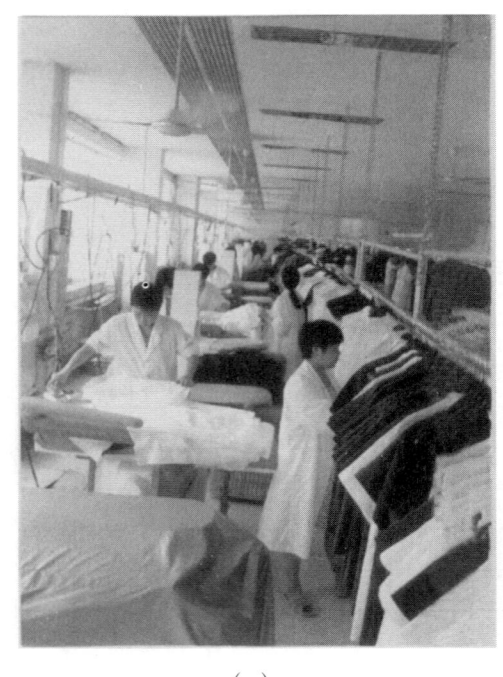

（a）　　　　　　　　　　　（b）

图6-10　手工整烫

（4）要规范烫路，依序熨烫，既不漏烫也不重烫，提高一次烫成效率。

（5）喷汽要均匀，吸湿要彻底。

（6）对死迹和漏烫部位要补烫。

（7）尽量使用压烫，以提高整烫质量和效率，见图6-11。

（8）成衣烫好后要晾干或吹干，以防装袋后发霉。

（a）　　　　　　　　　　　　　　　（b）

图6-11　压烫

2. 整烫的作用

整烫的作用主要包括以下四个方面。

（1）经热湿加工，能使成衣达到预缩的效果。

（2）能熨平成衣上的皱褶，增加成衣的外观美。

（3）通过压烫定型，使成衣的褶皱线条挺拔，外观平整。

（4）通过蒸汽熨斗的热湿加工，能改变成衣材料的纤维结构，塑造适合人体特征所需的成衣立体效果和曲线美。

3. 整烫工艺的"三好"和"七防"

整烫工艺做到"三好"和"七防"是为了确保整烫的质量，具体内容如下。

（1）三好：熨斗温度灵活掌握好；成衣平挺质量好；成衣外观定型好。

（2）七防：防烫黄、防烫焦、防变色、防变硬、防水印、防极光、防渗胶。

4. 常见衣料熨烫温度

不同衣料适宜的熨烫温度并不相同（表6-4），操作人员应熟悉各类衣料的熨烫温度，以保证熨烫质量。

在完成整烫作业后，需对其进行检验，将相关检验情况填入整烫检验表（表6-5），并由检验人签名以示负责。

表 6-4　各类衣料熨烫温度　　　　　　　　　　　　　　　　单位：℃

衣　料	适宜熨烫温度	危险温度	衣　料	适宜熨烫温度	危险温度
棉	180~200	240	锦　纶	120~150	170
麻	140~200	240	涤　纶	140~150	190
毛	120~160	210	腈　纶	130~150	180
丝	120~160	200	维　纶	120~150	180
黏胶纤维	120~160	210	丙　纶	90~110	120
醋酸纤维	120~130	110	氨　纶	70~80	90

表 6-5　整烫检验表

年　　月　　日

订单号：			款号：		作业人：	
日/月	抽检数	合格数	合格率	日/月	抽检数	合格数	合格率

检验结论：

检验人：

二、包装作业

成衣包装是生产转换的最后一道作业，随后便是生产输出，同时也是整个服装生产运行链的最后一环。包装分内包装和外包装。在包装组等待包装的成衣数量多且复杂，同时又有不同订单号、不同款号、不同号型等，所以包装组的领班及其包装人员，一定要头脑清晰，按作业程序有条不紊地进行作业，以避免装袋错误的现象发生。

1.内包装的作业程序

内包装的具体作业程序如下所示。

（1）先把不同单号、不同款号的成衣分架吊挂，再把不同号型的成衣分架吊挂。如图 6-12 所示，按码号大小的顺序排好。

（2）总检人员对排好的成衣按产品标准分类，抽样检验并评等级。

图6-12 分码号排列作业

（3）按照待包装的成衣号型和等级号领取吊牌、包装袋（或衣盒）、封口贴等。
（4）领班向包装工进行折衣、装袋示范。
（5）包装工折衣、装袋前再次核对成衣吊牌、胶袋（盒）的款号、号型是否相符，再挂吊牌，见图6-13。
（6）按示范标准进行折衣、装袋（盒）作业，见图6-14。
（7）包装完成后，按装箱规定的件数进行捆扎。
（8）向装箱打包组移交成衣。

图6-13 挂吊牌　　　　　　　　　图6-14 折衣装袋（盒）

2. 装箱打包的原则

装箱打包（外包装）的原则包括以下几点。

（1）核对技术部下发的原始箱标与纸箱箱标是否有误。

（2）按装箱单的数量、颜色、号型搭配装箱，可一人搭配、一人复核。

（3）号型、颜色不齐的成衣装在尾箱。

（4）装箱时成衣必须满出箱外 2~3cm，然后用力压下，以防运输时破箱。

（5）打包时必须竖打两箍、横打一箍，使之牢固结实。

3. 装箱打包的作业程序

装箱打包的具体作业程序如下。

（1）接受内包装组转交的成衣，核对订单号、款号、号型、数量后办交接手续。

（2）成衣分款、分色、分号型堆放并做标志。

（3）领取外箱。

（4）核对箱标。

（5）编写外箱流水号。

（6）按装箱单的要求配比装箱。

（7）封贴箱口并打包。

（8）检查打包牢度。

（9）堆码待运。

（10）装入车柜，见图 6-15。

（11）清点箱数，填写装车发运记录表（表 6-6）。

（12）填写发货清单及放行单（表 6-7）。

图6-15　装柜出厂

表 6-6　装车发运记录

日/月	订单号	款　号	品　名	发往地	箱　数	每箱件数	尾箱件数	总件数	车牌号	经办人

表 6-7　货物放行清单

年　　月　　日

订单号	客户	款号	品名	箱数	总件数	色号	发往地

是否放行：

经办人：

总结

1. 服装的后整理具有弥补缝制所造成的缺陷以及美化成衣等作用,能极大地提高产品的质量和外观效果。
2. 在进行服装后整理时,必须严格按照操作要领和质量要求进行,以保障产品的品质。

作业布置

交一份自己制作的锁眼、钉扣和套结样本。

应用技能与管理——

服装生产跟单

> **课题名称：** 服装生产跟单
>
> **课题内容：** 服装跟单概述
>
> 服装跟单的流程和相关知识
>
> 服装生产各阶段跟单的具体内容
>
> **课题时间：** 6课时
>
> **教学目的：** 让学生了解服装跟单的含义，熟悉服装跟单的流程及各个阶段的具体内容。
>
> **教学方式：** 利用课件和教师讲述同步进行。
>
> **教学要求：** 1. 要求学生了解跟单的概念和重要性。
>
> 2. 要求学生熟悉跟单员的工作性质及跟单流程，了解一些和跟单有关的服装相关知识。
>
> 3. 要求学生熟悉跟单过程中各个阶段的具体内容和注意事项。

第七章　服装生产跟单

第一节　服装跟单概述

一、服装跟单的含义

服装跟单是在成衣加工中对其进行品质控制的一种有效手段，它是服装企业为了生产和制造的需要，在实际生产过程中对整个流程的跟踪和负责的业务统称，可以分为布料跟单、辅料跟单、厂内跟单、厂外跟单、绣花印花跟单、洗水跟单等；其定义主要是"对客户订单的成衣加工进行全程品质跟踪。"总地来说，跟单就是对客户的一个订单的全程负责。

随着我国服装业的飞速发展，服装跟单广泛存在于服装贸易公司和服装生产企业（尤其是订单型服装生产企业）中。特别是在订单过多或是货期太紧时，企业为了能满足客户的交货期而把订单外发加工、又要保证产品质量时，跟单就显得更加重要。

跟单管理就是以客户的订单为依据，跟踪产品（服务）运作流向并督促订单落实的管理过程。跟单员是跟踪管理过程的主体人员，其主要工作是在业务流程运作过程中，具体跟踪落实客户订单，是企业开展各项业务的基础性管理人员之一。

二、服装跟单在企业中的应用

不管是在内销还是在外销企业中，服装跟单的应用都是根据企业的经营性质来决定的。由于各个服装企业经营的性质、范围及经营项目各不相同，因此服装跟单在不同企业中的应用是各不相同的。

品牌服装企业都有自己的产品，只是有的品种比较单一、有的比较丰富，还有的企业除了经营服装主导产品外还经营各类服饰配件、装饰品等配套产品。这些品牌企业一般都有自己独立生产的能力，而且还有自己的生产和质量管理体系，在这种情况下，服装的跟单工作就完全融入生产与质检当中，跟单人员其实也就充当了质量监督员的角色，也就是企业中的质量检验和监督员。在多元化竞争的市场中，虽然各企业依据各自品牌经营的理念、目标定位而不同，但每个企业都想让自己的品牌在消费者心目中树立良好的形象。而产品的质量是品牌的生命，所以保证产品质量的跟单工作非常重要。

另外，随着国内外服装贸易的日趋成熟，有些服装企业的经营思路也在不断创新变化，他们把精力和财力集中在品牌建设和产品研发上，而把繁琐的加工交给有加工能力的其他服装企业，实行联手经营的政策。由于各个服装企业的质量标准、生产状况各不相同，代工企业对品牌服装企业产品的特点也不了解，在这种情况下，就要发挥服装跟单员的作用了。跟单员必须引导代工企业控制好产品的质量，使外发产品的质量达到品牌企业的质量标准。

三、跟单员的基本要求

服装跟单员是在企业业务流程运作中，以客户订单为依据，跟踪服装（产品）运作流向并督促订单落实，以确保合同如期完成的人员。其工作涉及企业计划、采购、生产、财务等几乎所有部门，是企业开展各项业务，特别是外贸业务的基础性人才之一。他们的工作是以订单为核心，广泛联系于客户、贸易公司与生产加工企业之间，其工作重心是协调和沟通，顺利完成订单。如果订单的质量出现问题，不但要给企业造成重大的经济损失，还可能失去订单和客户，将危及企业的生存。

1. 跟单员职责

（1）跟踪每张订单的生产并将货品顺利地交给客户，收回应收的款项。

（2）同新、旧客户保持联系增加沟通，了解客户所需。

（3）接收客户的投诉信息，并将相关的信息传递到公司的相关部门。

（4）掌握、了解市场信息，开发新的客源。

（5）做好售后服务。

2. 跟单员的基本素质

（1）跟单员应具备板型设计与管理方面的基础知识及技能，能跟进加工部门改进因板型引起的产品质量问题。

（2）跟单员要掌握一定的服装制作工艺相关知识与技能。

（3）跟单员要有鉴识和检验服装面料、辅料质量的能力。

（4）除了服装专业的基本知识外，一名合格的跟单员还需要掌握外贸、物流管理、生产管理、单证与报关等综合知识。

3. 跟单员的主要工作内容和要求

服装跟单员的工作内容因公司性质及人员配制不同而有差异。外贸公司和工厂跟单的工作内容虽然有不同，但也有相似的地方，下面就以外贸公司为例来进行介绍。

（1）跟单员必须有较好的外语基础，掌握相关专业外语，同时至少对服装生产流程有基本的了解：接单→备料→开裁→扫粉（有车花或钉珠时）/排花（需蕾丝排花时）→车缝→手工→后整→查货→包装。

（2）跟单员必须全面了解订单资料（客户制单、生产工艺、最终确认样、面辅料样卡、确认意见或更正资料、特殊情况可携带客样），确认所掌握的所有资料之间制作工艺细节是否统一、详尽。对指示不明确的事项，应详细反映给相关技术部和业务部，以便及时确认。严格依照订单资料要求，坚持实事求是的原则，把好服装产品的每一道质量关。

（3）跟单员必须以客户意见为准，务必保证本公司与外加工厂之间所有要求及资料做到详细、明确和一致（整理文字材料）。遇到与订单资料相抵触的问题时，不可自作主张，切不可按照自己的主观意愿指导加工部门，盲目地更改订单资料，而应该通知理单员让客户来做决定，尤其是对出口服装的质量，一定要以客户的要求和标准来执行。

（4）跟单员必须具备勤恳、细致的工作作风，必须按照跟单的程序指导加工部门，各个环节层层把关。预先充分防范，尽可能完善细化前期工作，减少乃至杜绝其发生其他问题的可能性，及时处理问题并总结经验。

（5）跟单员还必须具备良好的沟通和表达能力。跟单过程中，须把握基本原则、言行得体、态度不卑不亢。处理业务过程中，不能随意越权表态，有问题应及时请示公司。

（6）服装跟单员必须清楚了解不同客户对样品款式及风格上的需求，以便于在接单时及时发现生产上可能出现的一些问题，合理指导客户接受既具其所需产品的独特风格、又适于大货生产的产品，把客户各项要求清楚地标明在样单上。

（7）服装跟单员必须顺应时代的潮流，刻苦钻研业务，不断汲取新的知识，不断提高自己，才能更好地发挥其服务功效。

四、服装跟单的重要性及发展前景

对订单型服装生产企业来说，其生存与发展都是以订单为中心的，为了保证订单的质量和按时顺利完成，就必须要有服装订单的管理跟进环节，这才有了订单的跟进者——跟单员。跟单员的工作跨越了一个企业运作体系的每一个环节，而每个企业都需要几个专职的跟单人员处理本企业的外贸业务，缺了这一环节，企业运转不了。

一直以来，中国都是纺织服装出口大国，出口额占全球出口总额的四分之一，服装等纺织品进出口贸易在国民经济中占有重要位置。入世后，我国外贸产业更加蓬勃地发展，产业结构不断调整和大规模技术改造之后，产品质量也明显在提高。2004年底，我国贸易企业准入实施备案制，企业只要在工商部门备案即可获得进出口权，这就意味着更多的服装生产企业将直接介入服装出口贸易，这也意味着跟单人员的社会需求将随着外贸企业的增加以几何数级增长。

第二节　服装跟单的流程和相关知识

一、基本流程

根据跟单产品性质的不同，可以把服装跟单分为样品跟单和大货跟单。样品跟单员和大货跟单员工作略有不同，样品的数量比较小，更多的是强调样品的交期准时；而大货是批量生产，不但要求交货期准时，还要求跟单员在工作中要一丝不苟、认真准确地做好资料的同时，还要密切关注大货面料、辅料进仓时间与大货生产的进度和质量。

（一）样品跟单流程

整理客户提供的样品生产单、资料及面辅料（理单）→将样品制作单及缝制面辅料一起交给制板房出样板→出好样板后裁剪及制作样品→测量样品尺寸及检查缝制质量→包装→交送客户确认样品，寄给客户后就得做成本资料存档及给客户报价。

（二）大货跟单流程

1. 流程

整理客户提供的大货生产单及资料→做大货生产单的数量明细搭配表→下单订购大货所需要的面料、辅料、纸箱、包装透明胶袋等物料→确认面料及辅料到料时间→参与配合车间安排大货生产的排期→按客户要求通知制板房推板及安排生产不同号型的产前样（船头样）→按仓库提供的面辅料入库清单核对，并检验进仓面料及所有辅料的数量和质量（环保测试），检查其是否确保该单大货的生产所需→确认裁床大货所需面料及辅料（里布、袋布、衬料等）用量→确认开裁→大货生产的首件流水样检验→生产→后整理封样（熨烫、清理污渍、锁订、检针）→包装封样→装箱封样→拿到质管人员（QC）的验货合格报告单及大货装箱单后，安排办理出货报关及运输手续（须预先提供出箱装单资料给船务部，用于做报关资料）。

2. 注意事项

（1）核对订单资料，包括大货明细数量搭配表、款式图、大货确认样品、全码尺寸表、洗水方法、包装方法、装箱方法、大货交货日期等。

（2）要仔细核对大货制单与大货样品，以防止大货生产单与样品上的工艺及局部造型不符，造成大货生产错误。

（3）严格按大货确认样品及客户的具体的文字要求跟踪做好大货生产工艺单。

（4）大货单下给车间后，要车间写出大货生产具体的安排和计划。

（5）面料进仓库时，要仓库及时查验面料的质量及做环保测试，写出面料的检验报告，以确保大货生产时面料的质量，预防因为面料质量影响大货生产进度和交期。

（6）将大货全部辅料、唛头、吊牌的色卡交给辅料仓库，方便仓管员在大货辅料进仓时按样品验货。

（7）在大货生产期间，首件流水样的检验与确认非常关键，要核对款式、检验缝制工艺、测量成衣规格、报告首件流水样的检验结果（封样报告）等，若在此时发现问题，及时改正，就不会影响大货的生产，也可避免成品翻仓。

（8）在大货生产期间，还要求车间每天以书面形式报告各款大货生产成品数量，便于了解大货生产的进程，以免延误货期。

（9）后整理主要查验有无烫黄、烫焦、极光、水花、污迹等现象，清理污渍。常见的污渍包括油污渍、水渍、划粉渍等，还要检查扣件锁钉、套结、翘边及检验成品服装中残留的针头等金属残留物。

（10）包装封样跟单员必须按生产工艺文本中的要求进行核对检查包装的形式、查验挂牌（吊牌和价格牌）的挂法，并核对挂牌中价格贴是否正确、核对是否要防潮纸，包装材料及规格是否准确。一般情况下，不同客户有不同的唛头、唛头位置车法、包装资料，要严格按客户要求执行。

（11）装箱封样是看纸箱是否保持内外清洁、牢固、干燥，是否要求内盒，包装是否端正且松紧适宜，装箱是否适度，箱体标签字体是否清晰端正，挂装纸箱是否端正平整以及是否适应长途运输等。

（12）所有大货成品应该在大货交货期的前1~2天完成检查及包装装箱，以免时间过于仓促影响成衣检查的质量，以备在生产中遇上突发事情时能有时间处理。

（三）总体跟单流程

整理样品单资料并跟踪→出样→报价→接大货单并整理大货生产资料→订购大货面辅料→跟进大货生产→与客户联系安排出货方式和船期→出装箱单→报商检出口→追收货款。

实际生产中会有不同的问题出现，跟单员要第一时间知情，如果自己可以解决，就可以直接和工厂协商解决。但很多问题是不能自己一个人解决的，必须上报上司，甚至要同客户协商（比如推迟货期等）。

二、服装跟单的相关知识

（一）相关术语

1. 母板

母板是指推板用的标准板型。

2. 驳样

驳样是指拷贝某服装款式。

3. 样衣

样衣是指为实现某款式而制作的样品衣服或包含新内容的成品服装。样衣的制作、修改与确认是批量生产前的必要环节。

4. 原样

原样是指客户提供的最原始的样衣。

5. 打样

打样是指缝制样衣的过程。

6. 款式样

企业接到订单以后，根据客户提供的图稿纸样或参考实样等资料，打出款式样，以便供客户观察款式效果。一般来说款式样主要是看做工的，可以用替代面料，但当有配色时，一定要搭配合适才行，使整个服装看起来与要求相似。

7. 款式确认样

就是指款式样完成以后送交客户，客户与原样进行对照，提出修改意见，企业根据客户的意见及样品规格表中的具体要求，用正式的主辅料制作的样衣，送交客户确认。

8. 产前样

就是经客户确认的大货生产前的确认样衣，主要是让客户确认大货开工用的。此样是大货生产的完全参照样，工艺和面辅材料都要符合客户和订单的要求。

9. 船样

船样又称船头样，是指在出货船运之前从待运的货物中按一定的比例（每色每码）抽取的大货样衣。并且要把船样寄给客户，等待客户确认产品符合要求后才能装船发货。

10. 跳码样

是根据客户提供的齐码尺寸表推板后所做的齐码或者选码样衣，产前样可从跳码样中任选一件，客户写上批语后用作大货生产封样样衣。

11. 广告样

广告样又称照相样，一般来说是在订单确定后、大货出货前，客户用来扩大宣传、增加销售量的样品。广告样应齐色齐码，外观效果要好，一定要起到门面作用（广告样必须提前安排，不能临时再下单备样）。

12. 推销样

一般是企业新开发的产品，是推销给客户以吸引客户订单的样品。

13. 展览样

展览样也称为展销样，是指企业用来参加展销会的样衣。

（二）服装面料的基本知识

1. 纱支数与面料克重的对应关系

目前，企业中所讲的纱支数一般是指"英制支数"❶，它的定义是：在公定回潮率下，重一磅的纱线，它的长度有几个 840 码，就称为几支纱线，用英文字母"s"表示。一般来说纱线越粗，s 值就越小，纱线越细，则"s"值越大，如 40s 要比 20s 的纱支细。这样，在同种组织结构的坯布中，支数越大，纱线越细，它的克重（g/m²）就越轻。

2. 针织服装用料及面料价格计算公式

（1）衣服：

大身用料 =（胸围 +6cm）×（身长 +6cm）× 24 × 克重 ×（1+ 总损耗率）

---

❶ 英制支数是非法定计量单位，应换算为法定单位 tex，两者间的换算关系：Tt=583.1/ 英制支数（此公式选用于纯棉纱）。

袖子用料 =（挂肩尺寸 + 袖口围 +4cm）×（袖长 +4cm）× 24 × 克重 ×（1+ 总损耗率）
领子用料 =（领宽 ×2+2）× 领高 × 12 × 克重 ×（1+ 总损耗率）
每件衣服用料 = 大身用料 + 袖子用料 + 领子用料

（2）裤子：

裤子用料 =（横裆尺寸 + 大腿围 +4cm）×（裤长 +8cm）×24× 克重 ×（1+ 总损耗率）

（3）面料价格计算公式：

面料价格 = 纱价 + 织造价格 + 染价 + 其他（包括印花、开幅定形、后道各工序）

（一般地，开幅定形价格：2000 元）

单件成衣机织面料用料预算参考如表 7-1 所示。

表 7-1　单件成衣机织面料用料预算参考表　　　　　　　　　单位：cm

成衣种类 \ 面料幅宽	90	115	145
男装长袖衬衣（胸围≤ 120）	衣长 ×2 + 袖长	衣长 ×2 + 30	衣长 + 袖长
A 形小摆裙	裙长 ×2	裙长 + 15	裙长 + 5
A 形宽摆裙	裙长 ×2	裙长 ×2	裙长 + 5
西裤（臀围≤ 120）	裤长 ×2	裤长 ×2	裤长 + 15
夹克衫	衣长 ×3	衣长 ×2 + 袖长	衣长 + 袖长 + 25
西服	衣长 ×3 + 袖长	衣长 ×3	衣长 ×2 + 15
背心	衣长 ×2	衣长 ×2	衣长 + 5
旗袍	裙长 ×2	裙长 + 袖长 + 10	裙长 + 袖长

3. 服装常见面料的一般特点

面料是用来制作服装的材料。作为服装三要素之一，面料不仅可以诠释服装的风格和特性，而且直接左右着服装的色彩、造型的表现效果。

下面对常见的服装面料的特性分别作一些简单的介绍。

（1）棉织物：棉布是各类棉纺织品的总称，它多用来制作时装、休闲装、内衣和衬衫。它的优点是轻松保暖，柔和贴身，吸湿性、透气性甚佳。其最大的缺点是弹性较差，容易折皱。它还易发霉，但不易被虫蛀。纯棉面料被广泛用作内衣衣料。常见的有府绸、平布、泡泡纱、帆布、哔叽、华达呢等。

（2）麻织物：麻布，是以大麻、亚麻、苎麻、黄麻、剑麻、蕉麻等各种麻类植物纤维制成的一种布料。一般被用来制作休闲装、工作装，目前也多以其制作普通的夏装。它的优点是强度极高、吸湿、导热、透气性甚佳。它的缺点则是穿着不甚舒适，外观较为粗糙、生硬，虽耐磨性比棉好，但比棉易掉色，因此麻料的花色品种比较单一。衣着用的麻面料主要是苎麻布和亚麻布，常用的有棉麻、毛麻、涤麻混纺等面料。

（3）丝织物：是以蚕丝为原料纺织而成的各种丝织物的统称。与棉布一样，它的品种很多，个性各异。它可被用来制作各种服装，尤其适合用来制作女士服装。它的长处是轻薄、合身、柔软、滑爽、透气、色彩绚丽，富有光泽，悬垂性好，穿着舒适。它的不足则是易生折皱，容易吸身、不够结实、较易褪色。相比之下，桑蚕丝织物柔软、平滑，色泽艳丽；柞蚕织物则手感粗硬，常有皱纹。常见的丝绸品种很多，分为绸、纺、纱、绢、葛、锦、绫、罗、绒、绉、呢、绨、缎等大类。

（4）呢绒织物：毛料是呢绒织物的总称，它通常适用于制作礼服、西装、大衣等正规、高档的服装。它的优点是吸湿性比较好，穿着时无潮湿感，手感柔软而舒适，颜色丰富，防皱耐磨，高雅挺括，富有弹性，保暖性强。它的缺点主要是洗涤较为困难，不太适用于制作夏装。常见的毛料有派力司、华达呢、法兰绒、粗花呢等。

（5）皮革织物：皮革是经过鞣制而成的动物毛皮面料，它多用以制作时装、冬装。皮革又可以分为两类：一是革皮，即经过去毛处理的皮革。二是裘皮，即处理过的连皮带毛的皮革。皮革的优点是轻盈保暖，雍容华贵。皮革的缺点则是价格昂贵，贮藏、护理方面要求较高，故不宜普及。

（6）化纤织物：化纤是化学纤维的简称，化纤织物是利用高分子化合物为原料制作而成的纤维的纺织品，通常分为人造纤维与合成纤维两大门类。它们共同的优点是耐穿、易洗快干、挺括、不虫蛀、不霉烂。它们的缺点是吸湿性、透气性较差，易产生静电、易起毛起球。化纤织物虽可用以制作各类服装，但总体档次不高。

（7）混纺织物：是将天然纤维与化学纤维按照一定的比例混合纺织而成的织物，可用来制作各种服装。它的长处，是既吸收了棉、麻、丝、毛和化纤各自的优点，又尽可能地避免了它们各自的缺点，而且在价值上相对较为低廉，所以较受消费者欢迎。

4. 织物正反面的识别

在服装排料裁剪和缝制成衣时，稍有疏忽，就容易搞错织物的正反面，使成衣颜色深浅不均匀，花纹不符，影响造型美。要想快速识别面料的正反面，可以采用眼看和手摸的方法。具体掌握以下几方面：

（1）根据面料的花纹和色彩识别。

一般来说，面料正面花纹图案清晰分明，洁净细致、色彩鲜艳、层次较清楚，而反面花纹比较暗淡、模糊；较厚的织物反面甚至不显花或花纹不连贯。虽然烂花花纹形成的透明图案的织物，正反面差异不大，但烂花花纹的正面比反面的轮廓清晰。剪花花纹正反面区别比较明显，图案清晰、完整且浮线短的为正面，图案模糊、浮线长且留有剪断的纱线毛头的为反面。

此外，也有个别的面料反面花纹别致，色彩柔和，在裁剪缝制时，也可作为面料的正面使用。提花、条格的面料，正面的条纹、格子和提花都应比反面明显、有层次、色泽明亮匀净。

（2）根据毛绒来识别。

起绒织物一般以起绒的一面为正面，正面具有突出织物柔软、顺滑的绒毛、莹润的光泽和舒适的手感，而反面不起绒，大都比较粗糙，色泽也差，有的还涂有固绒物质。灯芯绒、平绒、丝光绒等都是正面有绒毛、反面无绒毛而较平整；双面绒的面料，正面绒毛多且整齐，反面则绒毛较少。拉毛织物有单面拉毛和双面拉毛面料两种，一般单面拉毛面料以拉有绒毛的一面为正面，双面拉毛以绒毛短、密、齐的一面为正面。但也有例外，有些做服装里料的拉毛织物，为使衣服穿脱时摩擦力小而选用没有绒毛或绒毛少的一面为正面。

（3）根据布边的特点识别。

一般面料的布边，正面较反面平整、挺括，反面的布边边沿向里卷曲。有些高档的服装面料，如呢料，在布边上有字码或其他文字，这时面料的正面文字清晰、明显、洁净，而反面的文字则比较模糊且反写。另外，还可以借助整理拉幅时布边的针眼来识别织物的正反面，一般针眼下凹的一面为正面。

（4）根据织物组织结构来识别。

从织物组织来看，平纹织物一般是没有正反面之分的。为了美观，也可以将结头和杂质少的一面作为正面。斜纹织物通常按"线撇纱捺"的原则来区分织物的正反面。先抽取一根经纱和一跟纬纱来确定织物是全线、全纱还是半纱，如果是全线或是半纱织物，那么就是右斜的一面为正面；若是全纱织物，则左斜的一面为正面。缎纹面料正面平整、光滑、紧密、亮丽且呈绸缎风格，而反面较稀松、暗淡、粗糙、光泽差。

（5）根据商标和印章识别。

国产内销的整匹面料一般在反面贴有商标、产品说明书，并在每匹、每段两端盖有出厂日期和检验印章。对于外销产品，则将商标和印章盖贴在面料的正面。

（6）根据包装形式识别。

成匹包装的纺织产品，每匹布头朝外的一面是反面。若是双幅面料，则里面一层为正面，外面一层为反面。

总之，识别面料的正反面，应从多方面进行综合考虑，才能得出正确结论。

5. 织物倒顺的鉴别

（1）识别印花面料的倒顺。

并不是所有的印花面料都有倒顺，应当根据具体的花纹图案来确定。如完整的图案、人像、车船、楼塔、树林等都不能颠倒，否则就会影响外观效果。但也有如有的花卉、几何图案等在面料设计时就不是定向的，在裁剪时可不必考虑面料的倒顺。

（2）识别条格面料的倒顺。

条格类织物有对称和不对称条格两种。格子左右不对称的面料，称为"阴阳格"，上下不对称的面料称为"倒顺格"。应该注意使整件衣服的格子一致，否则，格子混乱会影响外观的造型效果。对称织物的倒顺对花纹没有影响，排料可随意，只要按要求将条格对准即可；不对称的条格织物就要注意整件服装的统一性，不能随意颠倒排料，否则，影响条格的连续性和一致性。

（3）识别绒毛类面料的倒顺。

灯芯绒、金丝绒、平绒表面都有一层较厚的绒毛。对于绒毛类的面料，在制作衣服时，要特别注意倒顺毛的问题，使整件服装的面料倒顺一致。否则会使颜色在自然光下深浅不一，光泽明暗不同，外观效果不好。一般手感光滑的方向为顺毛，它的颜色浅，光泽亮，手摸时感觉布面平滑；倒毛的颜色较深，光泽暗，手摸时感觉粗糙。在制作服装时一般取向以倒向为多，使色泽显得浓郁、深沉、润泽。另外，有些闪光面料和作为里料的绒毛类织物也要注意面料倒顺一致。

（三）其他相关知识

要达到完美的缝制效果，除要求缝纫机本身性能良好，操作者技术熟练外，还要求缝针、缝线、缝料三者规格匹配。一般地说，供纺织品及针织品用的机针，其针尖均磨成圆锥形，缝纫皮革及与其相似的缝料时则采用特殊形状针尖，如矛尖、菱尖、反捻尖等，目的是增加机针强度，取得良好的缝纫效果。

1. 机针的选择条件

（1）在考虑机针本身的强度允许的情况下，尽可能用较细机针。

（2）厚料的穿刺阻力大，为防止断针，应选择稳定性强的较粗的机针，而且较粗的机针不易刺伤较粗的缝料。

（3）薄料的穿刺阻力小，为防止缝料出现针洞，影响缝料外观，可选择较细的机针。

（4）缝针应光滑，无尖刺锈斑，针尖钝度适当，防止损坏缝料。

2. 缝线的选择

缝线有纯棉、涤棉混纺、涤纶和人造丝等，棉缝纫线缝纫性能好，但在洗涤时收缩要比合成纤维线大，其强力、耐化学性及耐磨损性比合成纤维也差，高质量的丝光棉线价格昂贵，故现在已经很少使用棉缝纫线。短纤维涤纶缝纫线成本低，缝合稳定性、耐久性及缝纫性优良，因此它适合于所有常规的服装缝制。包缝机所用缝线一般为棉线，但由于目前棉纤维成本高，故现一般用涤棉混纺线代替。在选择缝线的粗细时应首先考虑细缝纫线的使用，可从以下几方面考虑。

（1）锁式线迹缝纫机梭芯容积有限，使用较细的缝纫线可容纳更长的缝纫线，节省换梭时间，可提高工作效率。

（2）细缝纫线体积小，链式缝制时手感好。

（3）细缝纫线缝制时所占空间极小，较少引起织物变形及缝制起皱。

（4）细缝纫线可使用小号缝针，以避免织物产生针洞。

（5）细缝纫线还可以减少突出的缝痕，使其陷于织物表面内层而减少磨损的影响。

（6）在缝制时，如缝料较薄软，则必须用细针，同时应加大机针的回升量，因为缝线与缝料的摩擦力小，若回升距离不变，相对使面线线环宽度减小，影响正常钩取，会产生跳针故障。如果是粗硬面料则正相反。这就需要调整钩线机件与机针的相对位置。

所以说在制衣过程中，选择缝针、缝线看是一个很简单的问题，实则不然，不仅要满足技术上的要求，还要顾及美学要求，从缝线与缝料的颜色搭配、缝线的细度选择多方面考虑，才能达到更完美的效果。

第三节　服装生产各阶段跟单的具体内容

服装跟单工作是服装生产企业的中心与生命线。服装跟单的业务也依据企业的规模和品质而有所不同，一般可分为前期跟单、中期跟单和后期跟单三个阶段。

一、前期跟单

1. 熟悉并核对订单资料，编制企业生产工艺单

订单资料是跟单员跟进订单的唯一依据，只有完整的资料才能确保跟单的跟进工作。所以当跟单人员在接到服装订单资料后，必须仔细查看资料是否完整和准确，如有与图稿、样衣及相关文字材料有矛盾的内容，一定要及时解决并确保完全正确，然后再编制相应的企业生产工艺文本。在订单下达服装生产企业后，生产企业必须依据订单工艺文本编制企业相应的生产工艺文本，服装跟单员首先就要核对企业的生产工艺文本是否和理单员的工艺文本相一致，检查核对资料的具体内容如下：

（1）核对订单资料是否完整。

（2）款式是否正确。即按照企业生产工艺文本的工艺流程制作的服装款式，是否与理单的工艺文本中的款式相一致，文字描述是否与款式图一致。

（3）确认面、辅料供应商是否正确，即客供还是自供，以防止出错后影响交货期。

（4）面、辅料的材质、颜色是否正确，即面、辅料的材质、颜色是否与订单工艺文本的要求一致，以订单客户对面、辅料材料的相关要求（颜色、数量、环保要求）为准。

（5）查看客户对绣花和印花等工艺的要求及其他设计要素，查看文字与图案颜色是否准确。

（6）了解并记录客户对该订单的其他特殊要求。

2. 服装样衣的跟单

样衣跟单是指对服装推销样、款式样和产前样的跟单。样衣是指订单中不可或缺的服装，尤其是对订单型服装生产企业而言，从客户询价、报价到达成订单直至出货，每一个过程都有样衣出现。样衣的质量直接影响到客户是否要下单，因此样衣的跟单是跟单员跟单前期阶段的重要工作之一。

首先，跟单员在熟悉并核对好订单资料后，要制作出详细的样衣制作单，列出所需的面辅料并配好，交给板房打样板及制作样衣，由板房查验并后整后，交到技术部核查，再由跟单员进行复查。

在进行样衣查验时，要注意样衣的面、辅料材质和颜色，核对款式，检验尺寸规格和包装等。另外，成品服装的各部分的规格范围必须符合客户的要求的公差范围，款式造型必须依照工艺文件中的款式图和款式描述来逐一核对，并检验缝制工艺。

当跟单员复查确认无误后方可寄给客户确认，同时跟单员还需根据板房或是技术部提供的样衣用料情况，整理出用料成本表，用于成本核算及为订购物料做准备。

样衣跟单注意事项：

（1）下单时必须写明样衣的交货时间并注意提醒板房主管。

（2）对样衣生产有特别要求的地方都要作标注和说明。

（3）若需要绣花或者印花，跟单员必须要提供绣花或者印花稿及确认绣花、印花的位置。

（4）样衣缝制好后，跟单员要自己全面地再检查一遍，以确保寄送给客户样衣的品质。

（5）凡尺寸及工艺达不到客户要求的样衣，必须要修改正确后方可寄送给客户。

3. 服装面辅料跟单

服装订单中出现退单或是索赔，多因服装面、辅材料的质量有问题，所以，控制服装面、辅材料的质量也是服装跟单的前期阶段的一项很重要的内容。首先，跟单员在进入工作前需先准备以下资料：颜色原样、原手感样、客人确认的小样（也就是工厂第一次打的色样）、原品质样、合同复印件（上面有对工厂的质量要求、标准、交期，数量等，跟单时可参考）以及相关资料；然后，再依照客户的订单数量及客提供的面、辅材料的准确资料，计算清楚各材料的用量，并跟进客户直接提供的面辅材料的数量和到货进程。

大货布料及物料回厂后，大货布由仓库验布员验布，提供验布报告（包括布样有否染色疵点、色牢度、染化料是否环保，打样坯布和大货打样坯布规格及布面疵点等），并需交一份给客户。跟单员根据验布报告进行跟进。要洗水的，要交由洗水部根据客户要求去洗水，回厂后由洗水部分出 LOT 色（批内色差）交给客户确认，但有些是不用的。同时还要留意布的正反面、中边色差、倒顺毛等问题。然后根据样衣制作的用料，初步计算该单的用布量，加裁或缩裁交客户确认。跟单员必须在大货生产前整理好制单资料和物料卡，在裁剪之前分发给相关部门。另外，还必须对物料的回厂情况进行跟进和追踪，做好明细登记，并核查物料的规格、数量是否正确。要处理物料质量和数量分配及物料差异，并在大货物料发料前列出一份物料发放表，发给仓库及车间，以作为发料、用料参考。对于不足的物料，跟单员负责追补，保证生产需要。表 7-2 为采购跟单记录表。

表 7-2 采购跟单记录表

						年 月 日
采购品种：		匹数：		米数：		订单号：
接单时间：			交单时间：			销售人员：
供应商单位：						联系人：
供应商地址：						联系电话：
跟单日程记录：				标样粘贴处：		
				来货粘贴处：		
检验情况： ①颜色 ②布面风格 ③布面疵点 ④其他						
供应商签字：						
跟单员：			主管：			经理：

面辅料跟单的相关术语：

（1）LOT 色：指批内色差，俗称 LOT 色。

（2）边中差：左中右色差（俗称边色）。

（3）LOT 色样：由于面料（或里料）不是同一缸染的，颜色会有细微差异，按客人要求需要分 LOT 色样。避免同一件衣服上出现两种 LOT 色，否则就成次品了。一般地，要求一件衣服同属一个 LOT 色样。

（4）匹条：也叫匹头，也就是每匹布的布条，是供企业看面料好坏差异以及分 LOT 色用的。

二、中期跟单

当客户确认样品后，接下来就是生产大货。服装中期跟单指服装大货生产中的跟单，是指对服装大货面辅料、裁剪各工序和缝制过程中的半成品进行跟单，其主要作用和目的是为了及时发现问题和了解订单的进展情况，增进对生产企业的了解和沟通。此阶段跟单工作做得出色的话，就可以避免订单出现大的质量问题。若在跟单后期发现了面、辅料、款式、工艺等问题，不但返工困难，而且会严重影响交货日期，严重的甚至会出现索赔或订单打折等经济问题，给企业带来不必要损失。

1. 主要内容

（1）整理订单大货生产资料：标准样衣返厂后，根据客人的修改意见和要求，制作大货生产单，交技术部审查。

（2）召开产前会议：召集工厂管理人员、QC以及客户QC开产前会议。核对工厂的生产工艺单是否与客户提供的内容一致。核对的重点包括：面辅料的材质、颜色是否正确；款式是否正确。

（3）品质监督的跟进与协调：生产过程中，将资料交QC，由QC和生产质量监控和生产进度，及时做好客户要求与车间生产之间的协调和沟通，若有客户更改资料，需在第一时间传达到相关部门，并要保持资料的最新版本，做好签收记录。

（4）半成品检验：大货生产期间进行不定期的跟踪抽查，对加工部门进行中期评估。

①服装款式的核对内容：缝纫形式、服装结构、印绣花以及服装的特殊工艺制作、辅料的颜色搭配以及辅料装订的位置、服装半成品的规格等是否和工艺文件一致。

②半成品的外观质量检验内容：部件的外形、外观的平整度、缝迹质量、整烫的质量等。

③半成品检验后应填写检验报告（表7-3），并将有关质量信息及时反馈给相关作业人员，防止问题继续出现。

（5）确认生产进展情况：在服装产品投入生产后，要求跟单员进行生产进程的评估，合理有序地安排生产时间，从而能保证按照合同交货日期出货。

（6）中期验货报告的编制：跟单员每一次在加工部门发现有关产品质量和其他需要改的问题，都必须做出书面报告，由生产部门主管和跟单员同时签字后存档，作为跟单员中期查货和加工企业修改生产细节的依据（表7-4）。

2. 中期跟单注意事项

（1）若发现未能达到生产计划要求的情况，须反映给上级部门以督促解决，并了解生产实情，以求完成预定的任务，保证货期和质量。

（2）大货因客观问题需要延期，必须写出延期原因及延期后的交货期，与客户商讨，并要求尽快回复，需客户提供邮件或书面签回。

三、后期跟单

服装后期跟单的主要工作是对服装后期验货、服装产品的包装和出口服装的商检等内容的跟踪。这也是所有检验中程序最复杂、责任最重大的一次检验，是在中期跟单的基础上进行的全方位的最后验收。

1. 确认出货时间

一般在出货前一星期，跟单员必须对订单的交货日期进行评估。如果出现交货期紧张的情况，首先要通知理单员做好推迟交货的准备，同时敦促加工企业通过多种途径（延长劳动时间或者增加加工人员）赶货。

表 7-3　半成品质量检验报告

制单号：_____　款号：_____　客户：_____　数量：_____　交货期：_____

检验的内容						
布料	辅料	裁床	车缝车间	手工	后整理	包装
1. 布料（织物组织及缩水率） 2. 纽扣 3. 主商标 4. 拉链 5. 洗水标/号标 6. 裁床工票（裁床清单） 7. 其他			1. 面线 2. 锁边线 3. 缝口 4. 针距 5. 外形 6. 袋位 7. 商标的位置 8. 缝口牢固 9. 其他		1. 后整理后的颜色 2. 后整理后的手感 3. 色牢度 4. 整洁度 5. 吊牌的内容与位置 6. 烫工及折叠 7. 外箱标签 8. 其他	

检验情况：

查货员：　　　　　　　　　车间主管：　　　　　　　　　品质部主管：

　　　　年　月　日　　　　　　　　年　月　日　　　　　　　　年　月　日

表 7-4　中期检验报告表

生产厂家		款　号		订单编号		船　期	
订单数量		抽检数量		抽检号型		抽检日期	
检验标准			疵点数量		疵点百分点		
质量评估		品质良好		可接受	需要改善	停止生产	

<table>
<tr><td colspan="6" align="center">尺寸测量记录</td><td colspan="2">检验意见：</td></tr>
<tr><td colspan="2">号型
部位</td><td></td><td></td><td></td><td></td><td colspan="2" rowspan="10"></td></tr>
<tr><td colspan="2"></td><td></td><td></td><td></td><td></td></tr>
<tr><td colspan="2"></td><td></td><td></td><td></td><td></td></tr>
<tr><td colspan="2"></td><td></td><td></td><td></td><td></td></tr>
<tr><td colspan="2"></td><td></td><td></td><td></td><td></td></tr>
<tr><td colspan="2"></td><td></td><td></td><td></td><td></td></tr>
<tr><td colspan="2"></td><td></td><td></td><td></td><td></td></tr>
<tr><td colspan="2"></td><td></td><td></td><td></td><td></td></tr>
<tr><td colspan="2"></td><td></td><td></td><td></td><td></td></tr>
<tr><td colspan="2"></td><td></td><td></td><td></td><td></td></tr>
<tr><td colspan="6">检验提示：</td><td colspan="2"></td></tr>
<tr><td>1</td><td>面料</td><td colspan="4">颜色　缸差　印花　外观　手感</td><td colspan="2"></td></tr>
<tr><td>2</td><td>辅料</td><td colspan="4">主标　洗涤标　缝线　纽扣　拉链
里料　罗纹　织带　肩垫　拉绳
花边　绣花　四合扣　吊牌　胶袋</td><td colspan="2"></td></tr>
<tr><td>3</td><td>裁剪</td><td colspan="4">裁片尺寸　丝缕方向　搭配比例</td><td colspan="2"></td></tr>
<tr><td>4</td><td>车缝</td><td colspan="4">缝型　针距　张力　纽孔　嵌料　口
袋　袖克夫　衣领　内衬　卷边小部位</td><td colspan="2"></td></tr>
<tr><td>5</td><td>水洗</td><td colspan="4">缩水率　色差　颜色　手感　破损</td><td colspan="2"></td></tr>
<tr><td>6</td><td>整烫</td><td colspan="4">烫黄　极光　水花　死痕</td><td>检验员</td><td>工厂负责人</td></tr>
</table>

2. 大货产品检验

大货产品检验的内容主要是对服装规格、款式造型和缝制工艺、面辅材料的检验。

（1）规格的检验数量一般为订单中齐色齐码各三件。

（2）款式造型必须对照工艺文件来逐一核对。

（3）缝制工艺的检验主要掌握从上到下、从左到右、从前到后、从表到里检验的顺序，把握以下应注意的问题：

①缝迹的密度是否和织物吻合；

②缝迹的状态是否松紧适宜，线迹是否顺直、整齐、牢固；

③部件的形状是否平整和符合设计要求；

④滚条和止口卷边是否顺直且宽窄一致；

⑤衣里是否平服且松紧适宜；

⑥眼位是否和扣位对应且不偏斜等。

（4）服装面、辅材料的检验。

3. 服装整烫包装的检验

（1）整烫检验的主要内容主要包括有无水渍、污渍等沾污性疵点，有无烫黄、极光和整烫不良等现象存在。

（2）包装的检验主要包括成品包装、盒纸箱包装两部分。

4. 核对订单的数量和装箱情况

（1）查看装箱情况：了解是否按订单要求完全成箱。

（2）核对整理装箱单：通常，最终出货的数量会与订单数量有出入，这种情况下，首先要核对订单资料中客户是否允许数量溢缺，然后把出货产品的最终总体积、总重量等数据报给理单员（若为出口服装产品，还需整理相关数据资料以备报关），并把最终装箱单上交理单员存档。

（3）清点装箱数量并检验纸箱和纸箱外体，要求纸箱应单排成列，切忌纸箱叠成一堆而看不到箱号，导致抽箱困难。查看纸箱的纸质、克重及纸箱瓦楞数是否达到规定要求。

（4）核对箱标印刷文字是否符合工艺文件资料要求。

（5）检查搭配比例，查看装箱的数量、搭配的形式和产品的搭配等内容是否符合工艺文件要求和搭配比例。

5. 后期跟单总结报告

跟单员必须做出书面验货报告上交理单员，并需要跟单员和生产企业的法人代表或委托代表签字。后期跟单总结报告是跟单员对订单执行情况的总体评价。表7-5所示为终检查货报告表。

6. 资料整理及保存

出货后，整理并保存好有关的生产资料及标准样衣，遇有次布及不合格的物料，整理好数据资料报客户，以安排退回给客户，修正生产中的不足之处，以免翻单时不清楚。

7. 后期跟单注意事项

（1）当成品在总查后发现有太多次品，则需每件查看，若只有轻微的次品，挑出则可给走货，严重的则追查责任到具体人，通知生产厂长。

（2）大货包装前，核查第一件包装样，确保物料齐备及包装方法正确后，方可进行包装，如有客户要求要批核后再进行大货包装，就需提前包装一件样品给客户确认。

（3）积极准备及配合客户初查、中查、尾查的查货，并且将客户查货信息反馈到各部门。

（4）生产成品后按客户要求寄船头样或收货样给客户，目的是让客户预先了解大货的

表 7-5　终检查货报告表

生产单位		业务编号		款　号		数　量	
客　户		查货时已包装数量			查货数量		
开箱数量			查货箱号				

面料：_____　绣花或印花：_____　水洗：_____

物料：

　　　主标：_____　　　　　　　尺寸：_____

　　　洗水标：_____　　　　　　针脚：_____

　　　部门标/启示标：_____　　线头：_____

　　　胶袋：_____　　　　　　　纽扣：_____

　　　纸袋：_____　　　　　　　拉链：_____

查货详细结果：

　

　

　

　

　

　

　

　

　

　

　

　

　

包装：

线头处理：

清洁：

整烫：

后烫外貌：

折叠：

装箱单：

发单企业及处理如下：

（1）此批货可接受

（2）厂方需担保出货

（3）此批货不可接受

厂方签名：_____　　跟单员签名：_____　　日期：_____

生产情况和订单质量，样品的数量根据客人的要求而定。

（5）商检需要什么资料，要问清报关员后提供，并需在走货前一星期准备好商检资料交报关员商检。

（6）客户验货合格后，核实走货数量，整理装箱单及出货通知书，并向相关部门汇报，即可以安排出货。

四、各类检验作业图示

各类检验作业对成衣的品质进行保障，是跟单工作的重点。以下为各类检验作业图示，包括面料组织检测、面料色差级别检测、成衣品质检验、针头机检验成衣针头、面料缩率测试、成衣主要部位规格检验等，见图7-1 ~ 图7-6。

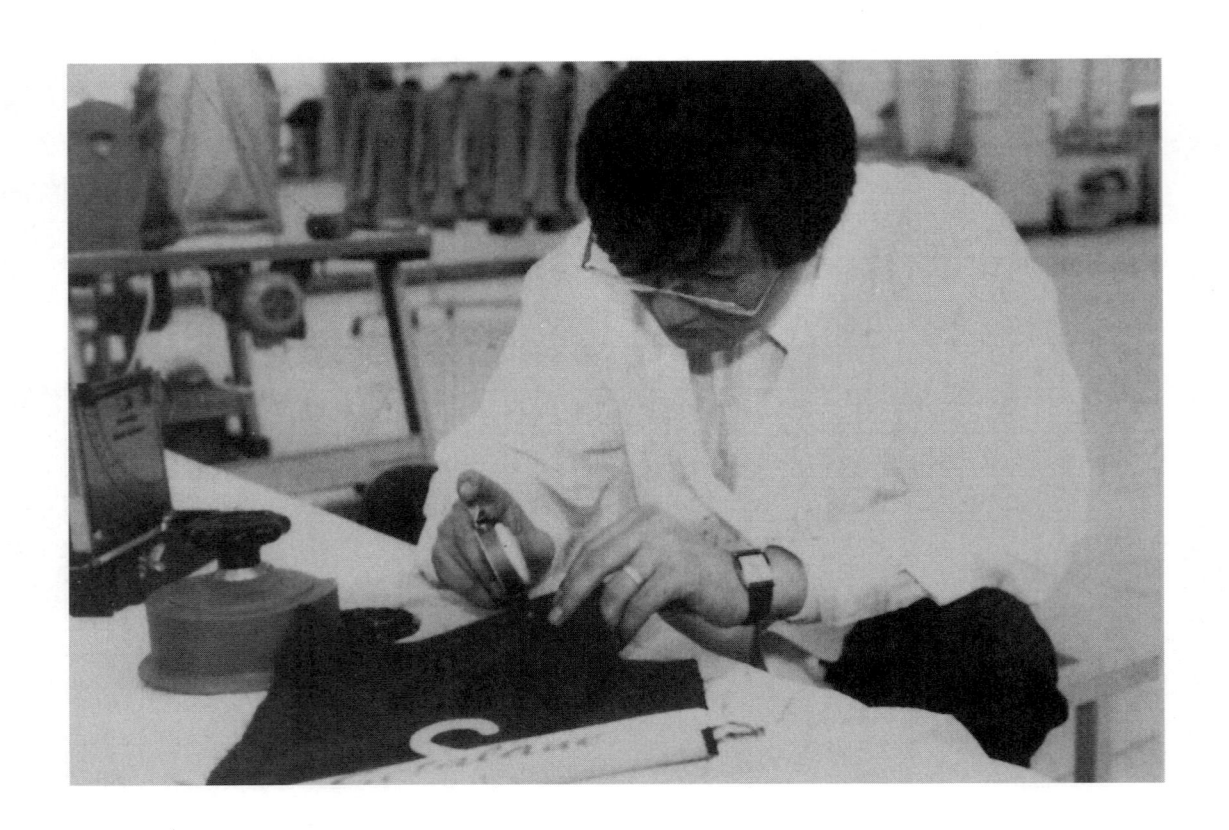

图7-1　面料组织检测

图7-2 面料色差级别检测

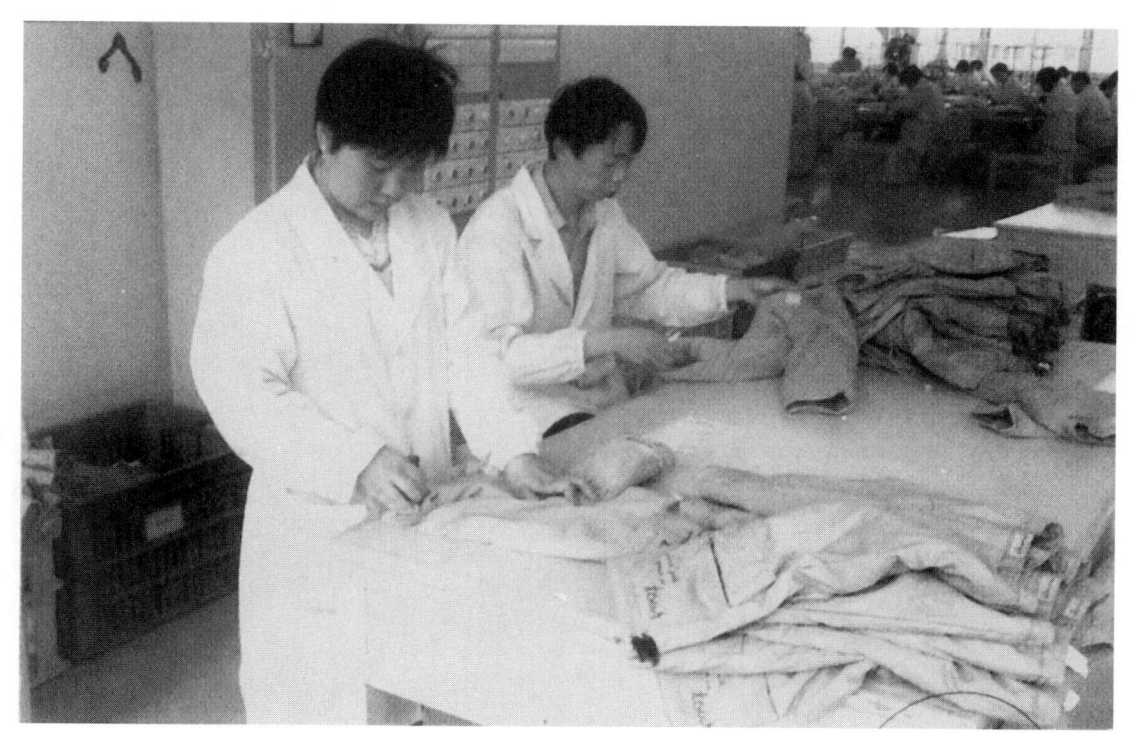

图7-3 成衣品质检验

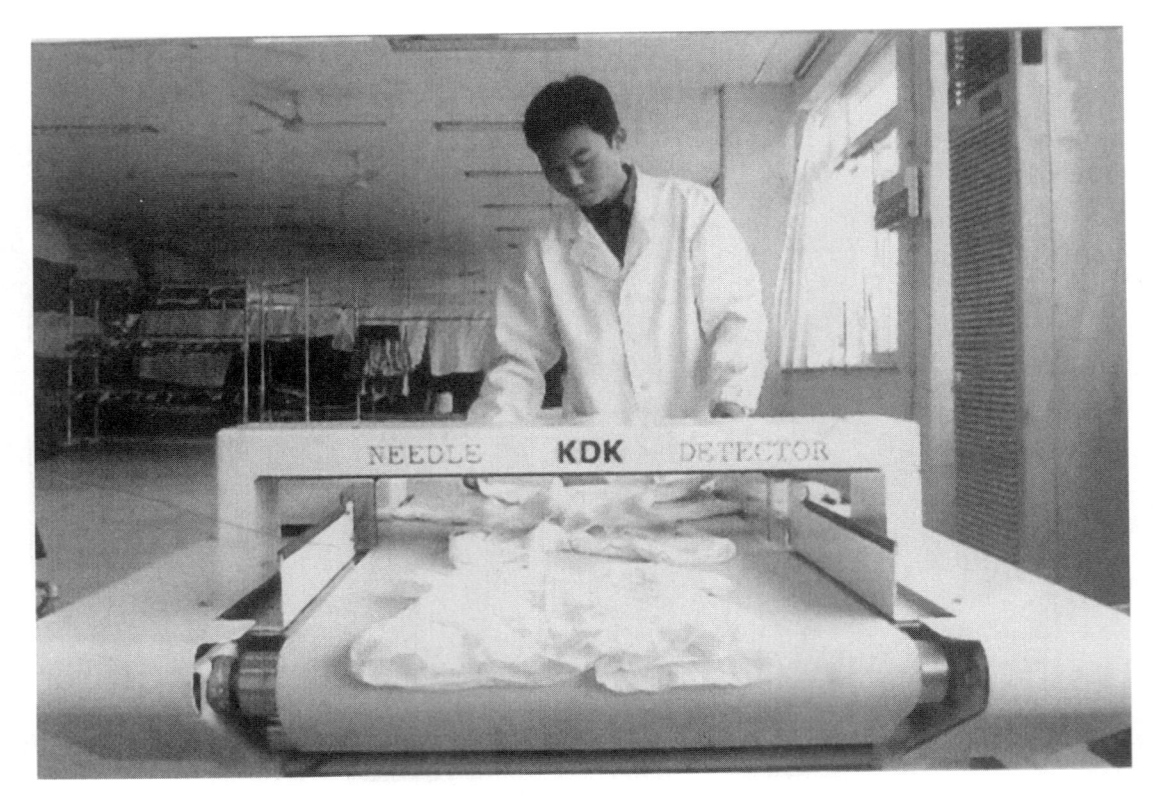

图7-4　针头机检验成衣针头

图7-5　面料缩率测试

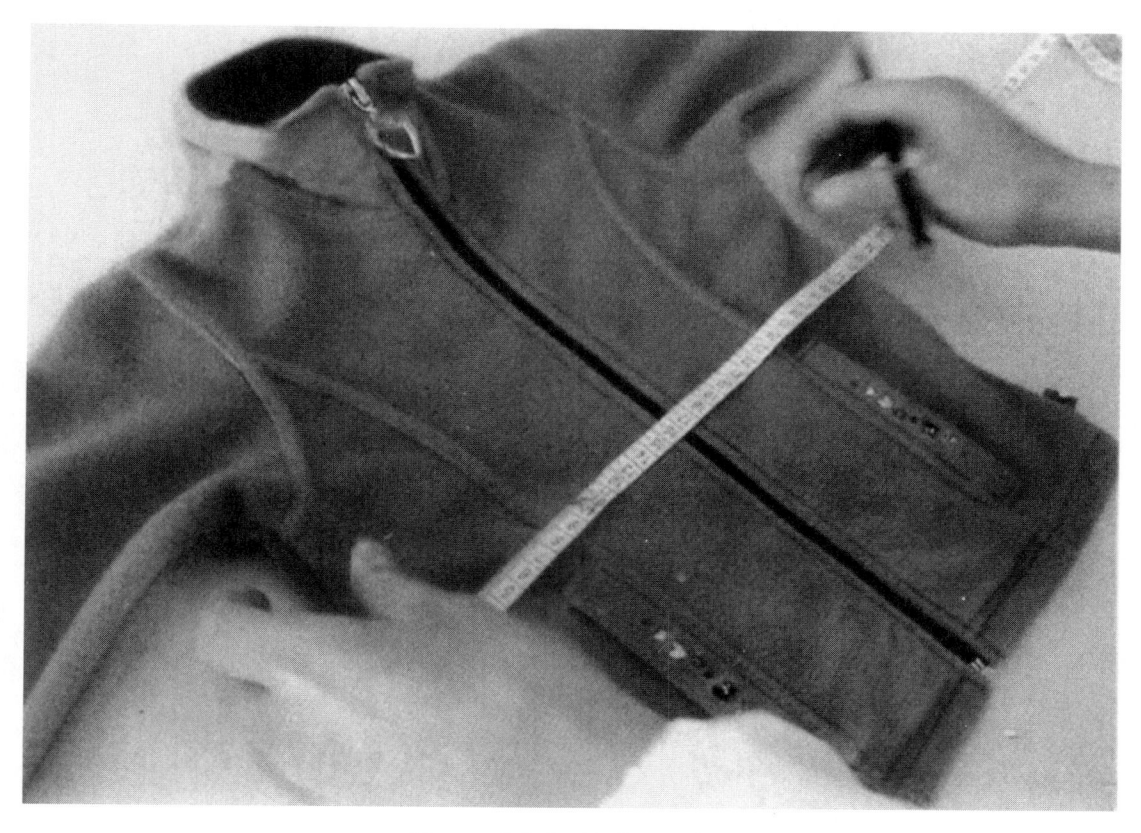

图7-6 成衣主要部位规格检验

总结

1. 产品的质量是品牌的生命，所以保证产品质量的跟单工作非常重要。
2. 服装跟单员是在企业业务流程运作过程中，以客户订单为依据，跟踪服装(产品)运作流向并督促订单落实的专业人员，是确保合同能否如期完成的人员。
3. 对跟单的每一个环节和细节都必须认真对待并严格监督，使每一个环节之间相互衔接和配合到位。

作业布置

1. 名词解释：服装跟单；服装跟单员。
2. 服装跟单的作用是什么？
3. 服装跟单的基本业务程序是什么？
4. 服装跟单员的素质要求是什么？
5. 服装跟单员的工作要求是什么？
6. 服装中期跟单的主要内容是什么？
7. 服装后期跟单的主要内容是什么？

参考文献

[1] 宋惠景.服装生产管理[M].北京：中国纺织出版社，2004.
[2] 万志琴.服装生产管理[M].北京：中国纺织出版社，2002.
[3] 许树文.服装厂设计[M].北京：中国纺织出版社，1999.
[4] 万志琴.服装品质管理[M].北京：中国纺织出版社，2001.
[5] 冯翼等.服装生产管理与质量控制[M].北京：中国纺织出版社，2000.
[6] 杨以雄.服装生产管理[M].上海：上海科技出版社，1994.
[7] 毛益挺.服装企业理单与跟单[M].北京：中国纺织出版社，2005.

附录

附录一 服装生产工艺单例

服装生产工艺单例

制单号：NO.110103

订货单位：BRIGHT BOTS		品名：女西服			款式号：NV11-X106			订单号：11/ST393-BB		
制单号：2011-07-16								执行标准：GB/T 2665—2011		

数量：3000件

规格表（女西服）5·4系列　单位：cm

规格\部位	150/76A	155/80A	160/84A	165/88A	170/90A	极限偏差
衣长	64	66	68	70	72	±1.0
胸围	90	94	96	102	106	±2.0
肩宽	38.5	40	41.5	43	44.5	±0.6
领大	35	36	37	38	39	±0.6
袖长	51	52.5	54	55.5	57	±0.7
袖口大	11.4	11.7	12	12.3	12.6	±0.1
数量	300件	900件	900件	600件	300件	

经纬纱向技术规定

前身：经纱以领口宽经为准，不允斜
后身：经纱以腰节下背中线经为准（特别是条格料）；纬纱倾斜料大于0.5cm，条格料为准，不允斜
袖子：小袖片倾斜不大于1.5cm
领面：以驳头止口处经纱为准
过面：经纱以前袖缝线大于1.5cm

装箱表（50件/箱，共计60箱）　单位：件

规格\部位	150/76A	155/80A	160/84A	165/88A	170/90A	合计数量
黑色	1	5	4	2	1	13
灰色	1	3	4	3	1	12
紫色	1	2	3	2	1	9
粉色	1	3	2	2	1	9
绿色	1	2	1	1	2	7
合计	5	15	15	10	5	50

制单人：谢文静

单件（套）用料定额表　单位：cm

品名	规格	数量	品名	规格	数量
纯新羊毛面料	144	130	主标	4×6	1个
美丽绸里料	130	110	洗水标	4×6	1个
黏合衬	90	65	袖标	1.5×4	1个
大纽扣	1.8	4粒	吊牌	4×7	2个
小纽扣	1.2	10粒	衣架	40	1个
领标	1×4	1个	胶袋	42	1个

款式图

工艺要求

1. 排料与裁剪要求：
面料有方向性的，一套服装要保证方向一致，纱向要顺直，在面料长度允许的情况下，大衣片一般不得倾斜，裁片时要准确，线条圆顺，四周不起毛，经纬纱向对齐，裁片齐全。

2. 缝制要求：
服装各个部位缝纫线要顺直，整齐、平服，牢固；上下线松紧一致，无跳线、短子线、领子平服，领面松紧适宜，袖口、两袖前后要折光基本一致或包缝，滚条圆顺袖面平服，宽窄一致；袋布的垫料等部位要叠针牢固，袖缝、袖笼、底边、挂面、大身摆缝等折光不露。锁眼定位，纽眼高低适宜，线结不外露；商标、号型标、成分标、洗水标的位置要端正，宁迹清晰准确；各部位缝制线30cm内不得有脱胶、渗胶反起泡和连续跳针，链式针迹不允许跳针。

3. 整烫要求：
服装各部位熨烫平服，整洁，无烫黄，无水渍，无极光，覆黏合衬的部位不允许有脱胶、渗胶及起皱。

4. 外观质量要求：
前身：胸部挺托，领驳头圆顺，左右领尖不翘，驳头一致，止口顺直，门襟平挺，门襟不短于里襟；领子：驳头平挺平服，左右驳头宽窄一致，领嘴大小对称，领子：绱领圆顺，吃势均匀，两袖前后、长短一致；后背：平服，肩缝顺直，左右对称。

部位 / 名称 / 干洗后缩率

部位名称	干洗后缩率
衣长	≤1.5%
胸围	≤1.5%

针距密度

序号	项目	针距	明暗线	包缝线	锁眼	钉扣
	针距密度		3cm12~14针	3cm不少于9针	1cm12~14针	每孔不少于8针
						4

特别提示：甲醛释放含量≤300mg/kg

复核人：林培培　　**制单日期：2011-05-23**

附录二 理单后的国外订单例

国外订单

NST, 24th. Oct 11

Total Pages: 4

ORDER CONFIRMATION NO.：2011/ST393-BB　Page No.: 1/4

Buyer 客户：BRIGHT BOTS

Order No. 合同号：9216,9625,9238

Rer. No. 款号：4NWBTOG1

Description 描述：Girls Pin-tuck Top 女孩细褶上衣，款式如原样

- All stitching is to be DTM（dye to match）.所有的缝纫线需染色成配色。
- Minimum Head Opening must meet specification. 领圈必须达到最小头围尺寸。
- DTM neck binding in self fabric with single needle chainstitch. 领圈原身布用单针滚边。
- Shoulder seams are to be taped with pre-shrunk cotton tape. 肩缝内需装预缩水棉牵带。
- LHS chest has 3mm pintuck detail from CF to armhole, pintuck is on outside of garmemt and must be a straight line. 在衣服外面的前胸，从前中向袖窿打出一个0.3cm宽的横褶，褶须顺直。
- Embroidery back is to be fused with a knit interfacing to cover loose threads and rough edges. 绣花反面处需粘针织衬。
- 3pcs raw edge self fabric strips in 12mm width pulled to curl and sewn down in middle with single needle stitching in DTm thread color（candy）to sleeve opening. 袖口贴3条宽1.2cm的原身面料毛边，拉卷后中心用配色线（深粉红）单针压线车缝固定。
- Self fabric strips to be positioned 1cm from twin needle stitching and then 1.5cm spacing between strips. 贴边距袖口双针压线1cm,贴边之间间距为1.5cm。
- Twin needle topstitching detail at Hemline and Sleeve opening. 下摆和袖口用双针压线。
- Sleeve seams seams are to be bartacked flat. 袖口处需打套结。
- Shaping is to be consistant on both sides. 衣服的各部位应左右对称。
- No loose threads on stitching. 压线不能太浮。
- Stitching density of 10~20 stitches per 2.5cm, with the correct stitching tensions, must not crack when stretched. 针距2.5cm内10~20针，线迹张力适当，拉伸时不能爆裂。

Material 面料：95% Cotton　5% Elastane Jersey 210gsm　95%棉 5%氨纶 汗布 210gsm

Quantity 数量：497pce（件）

Assortment 总分配

Basic Packs（PO 9216）

单位：件

Color 颜色 \ 号数	2号	3号	4号	5号	6号	7号	Total 总计
Rose 玫瑰红	26	26	26	26	26	26	156
Optic White 白色	26	26	26	26	26	26	156
Total 总计	52	52	52	52	52	52	312

Bulk（PO 9625）

单位：件

Color 颜色 \ 号数	2 号	3 号	4 号	5 号	6 号	7 号	Total 总计
Rose 玫瑰红	25	20	10	10	5	5	75
Optic White 白色	20	15	5	5	—	—	45
Total 总计	45	35	15	15	5	5	120

New Zealand（PO 9238）

单位：件

Color 颜色 \ 号数	2 号	3 号	4 号	5 号	6 号	7 号	Total 总计
Rose 玫瑰红	5	9	9	8	6	8	45
Optic White 白色	—	4	4	4	4	4	20
Total 总计	5	13	13	12	10	12	65

ORDER CONFIRMATION NO.： 2011/ST 393-BB　　Page No.：2/4

Shipment date 交期：497pes not after Dec1st 2011 ex. Ningbo to Brisbane and New Zealand by sea.
497 件 2011 年 12 月 1 日由宁波分别海运到布里斯班与新西兰。

New Zealand PO quantity must met 100%, bulk order quantity variation by size and colour must not be more or less than 2% of specified amount.
出运数必须先满足新西兰合同要求，其他出货数不少于或多于订单数量的 2%（根据尺码和颜色搭配）。

ANY DYE STUFFS CONTAIN AZO ARE STRICTLY FORBIDDEN FOR THE ABOVE ORDERS（INCLUDING FABRIC AND ACCESSORIES）OTHERWISE, SUPPLIER SHOULD TAKE THE RESPONSIBILITY.
所有货物之染料（包括所有面、辅料）不得含有法律所严禁的致癌物质，特此申明，否则一切后果由供应商负责。

1）Fabric 面料

-color fast washing/perspiration/rubbing/artifical daylight at 60 degrees in standard not less than gade 4. 60℃水洗 / 抗起球 / 低燃烧值汗渍 / 摩擦 / 人工日光照的色牢度均不能低于 4 级。
-Shrinkage within 50% 缩水率 5% 以内

2）Printing/Embroidery 绣印花 -EBPE

绣印花尺寸：125mm × 123mm（宽 × 高）用于 for Size 2/3/4 码
　　　　　　140mm × 138mm（宽 × 高）用于 for Size 5/6/7 码
-To be NO holes around any embroidery. 在绣花的周围不能有破洞出现。
-All embroidery stitching to be neat with clean, clear lines. As loose threads are unacceptable.
所有的绣花线必须整洁、干净，而且不能有脱线出现。

−All back to be trimmed to edge or embroidery. 所有的贴花布必须放平整。

−Embellishment position pis. find attached pages. 绣印花具体位置请见附页。

3）Label Specification 商标说明

• Main label 主标 GBNL2

−To be placed in inner CB Neck, above care label. 车缝于后领中，洗水标上方。

−Label size is to be 45mm×15mm. 规格 45mm 长 ×15mm 高。

−To be no loose threads. 不得脱线。

−To have self color stitching at 10−12 stitches per 2.5cm. 用配色线车缝主标，针距每 2.5cm 10~12 针。

• Flag label 旗标 EBF1

−To be position on RHS seam 30mm above hem edge. 旗标位于右下摆边缘以上 3cm 处。

−Finished size to be 2.5cm×2cm（width×height）including seam bite. 旗 标 尺 寸：2.5cm 宽 × 2cm 高，含吃缝量。

−To be folded perfectly in half and applied straight into garment. 旗标折叠必须对齐，不能错位。

−Flag label edges are to be heat sealed so edges do not fray. 旗标四周经热封边处理，无毛边。

• Care lsbel 洗水标 A2−3（cotton/elastane）（棉 / 氨纶）

−Care label to be placed under main label, on CB Neck or CB Waist. 车缝于主标下方，后领中或后腰中。

−Care label is approx×3cm×4cm（not including seam bite）. 洗水标 3cm 宽 ×4cm 对折长（不含吃缝）。

−Care label to be a woven satin label. 白底黑字缎带。

−Label to positioned at the center under main label. 车缝于主标下，居中。

−Font to be upper case Arial Narrow printed on label. 印大写字母，用 "Arial Narrow" 字体。

−Lettering to be not less than 1.5mm. 字母不小于 0.15cm。

ORDER CONFIRMATION NO.：2011/ST 393−BB　　　　Page No.：3/4

− "KEEP AWAY FROM FIRE" to print in red with height 3mm.

"KEEP AWAY FROm FIRE" 字样为红色，高度 0.3cm。

−Label must be permanently fixed to withstand the treatment indicatde on the care instruction label. 洗水标的质量要求永久达到其字面所规定的要求（60℃水洗印字不褪色）

4）SWING TAG SPECIFICATION 吊牌 GST2

−To have paper weight 400g/m^2. 纸克重 400g/m^2。

−High gloss on face, matt on reverse. 正面上高。

−To have no perforated edges, must have a clean guillotine cut edge 边缘需光滑，无针孔，裁剪干净利落。

−Finished size to be 120mm×35mm. 尺寸 12cm×3.5cm。

−To have per−punched holes. 有吊牌挂孔。

−Kimball to gunned through pre−punched hole & the centre of the main label on garment at CB neck（Kimball to be 7cm in length）. 用 7cm 枪针穿过挂孔打在主标的中心上。

• BARCODE SWING TAG 条形码吊牌 BST

−Card stock to be 250 gsm, in white color. 白色吊牌，纸克重 250gsm。

−Finished size to be 36mm×55mm. 尺寸 36mm×55mm。

—matt on front and back. 正反面均不需上光。

—Adhesive barcode sticker to be applied to BST, perforated end with printed AU price（end must be at least 9mm）。吊牌上部贴条形码，底部可撕处印上销售价格（可撕部分高度为0.9cm）。

—To be positioned behind the GST2 Swing tag to main label. 置于GST2吊牌下层，打在主标上。

5）BARCODE SPECIFCATION 条形码规格

—All text to be black and clearly legible. 所有字迹需为黑色，并清楚易读。

—Label to be positioned on BST. 条形卡贴在价格吊牌正面。

—All barcode adhesives to be readable on an EDL scanner. 条形卡必须能通过EDL检测。

—Stick to include style code, barcode, size. 贴纸需显示款号、条码、尺码等资料。

6）HANGER SPECIFCATION 衣架 –H12/14GNN（香港订购）

—H12/14GNN white hanger for all sizes, length 35.5cm, no printed logo. H12/14GNN空白无商标，白色衣架，长35.5cm。

7）POLYBAG SPECIFICATION 胶袋详述

—All large poly bags that stock is placed into must have the following wording placed onto the outside of the bag in black ink in a exact size and font below, and printed on the center of the bag. of a 4mm. 衣服放入大胶袋，上须印如下所示的黑色英文字母，字迹须清晰干净，胶袋质地须确保牢固耐用，保证好质量（PE胶袋）。胶袋厚度为4mm。

WARNING TO AVOID DANGER OF SUFFOCATION,
KEEP AWAY FROM BABIES AND CHILDREN.
DO NOT USE IN CRIBS, BEDS, CARRIAGES OR PLAYPENS.
THIS BAG IS NOT A TOY
MADE IN CHINA
ORDER CONFIRMATION NO.: 2011/ST 393-BB   Page No.: 4/ 4

8）CARTON 纸箱

Standard cartion size 纸箱尺寸：50cm×40cm×（30~50）cm（长×宽×高）

—Cartons should also be made from 3ply card with thick walls. 纸箱由3张卡纸制成。

—Details to be completed against markings. 箱标内容需填写完整。

—Cartons not to exceeed 12kgs. 每箱毛重不得超过12kg。

—Cartons to be of sufficient strength to support and protect merchandise. They must not be over packed to distort the carton shape. 纸箱须牢固以保护箱内货品，不许溢装造成箱子变形。

—The carton should be strapped with heat seal so as to prevent them opening while in transit. 纸箱需用塑料薄膜袋封箱，避免运输途中被打开。

—The markings on the cartins used must include the following（four sides printing）箱标应包括以下内容（四面印刷）：

  Style number 款号

  Colour 颜色

Size 码号

Qty 数量

Carton Number 箱号

Order Number 订单号

Carton Weight-kgs 箱重（kg）

Carton Dimensions（Depth × Width × Height）箱容量（长 × 宽 × 高）

9）PACKING 包装

—Hanger hook in each 5pcs are to be facing to the left when the right side of garment facing you. 服装正面朝上，每5件衣服置于同一头，挂钩朝左。

—Garments are to be Flat Packed then placed into polybags before packaging into cartons. 服装在入纸箱前必须平摊包装放入胶袋。

- For un-ratio pack, if the carton is not able to pack in solid size and solid color, then a separate polybag is required each size and color.
  非配比包装的订单，如单色单码包装数量不够一箱，那么其他码或颜色的服装应各自另装胶袋。

Pack A	2号	3号	4号	5号	6号	7号	Total 总计
Rose 玫瑰红	1	1	1	1	1		
Optic White 白色	1	1	1	1	1		12 件

Pack B	2号	3号	4号	5号	6号	7号	Total 总计
Rose 玫瑰红	1	1	1	1	1		
Optic White 白色	1	1	1	1	1		12 件

Basic Pack Order Packaging 包装袋基本配置 PO9216

—Pack A and B are to be packaged in own poly bag（linner bag）. 包装配比 A 与 B 各自入一内胶袋。

—Inner half pack bag is to be printed with either "Pack A" or "Pack B" in large bold print that is clearly visible on the outside of the bag. 内袋上必须清楚地印有粗黑体"Pack A"或"Pack B"

—Pack A and B must have the appropriate half pack barcode on the outside of the polybag. 配比 A 与 B 胶袋外必须各自贴相应的条形码。

—Completed Pack A and B must be packaged into a large polybag（outer bag）. 完整地配比 A 与 B 入一大胶袋。

—Outer bag must also be barcoded on the outside of the polybag with the appropriate full barcode. 大胶袋也需贴有相应的条形码。

—If the purchase order for packs is not delivered completely, the excess units shoud be placed in a separate caton which clearly lists what colors and sizes are in it. 如果要求配比包装的服装不能组成配比，那么这些服装应单独成箱，并在纸箱内附上清单列明具体颜色、尺码与数量。

FLAG LABEL SPECIFICATION 旗标说明　　　　　　　　**STYLE：4NWBTOG1**
APPROVED：

- Flag Label Code：EBF1 旗标标志（码）
- Flag Label is to be positioned on RHS seam 30mm above hem edge. 缝在右侧缝距下摆 30cm 处。
- Finished size & not including seam bite to 25mm × 20mm（width × height）. 大小为 2.5cm × 2cm。

- Flag Label is to be folded perfectiy in half and applied straight into garment. 旗标放在衣服缝份折叠处。
- Flag Label edges are to be heat sealed so edges do not fray. 旗标边缘用高温加热，不可磨损、脱线。

ACTUAL SIZE
EBF1-WOVEN FLAGLABEL 旗标大小尺寸

FOLD LINE

CW1

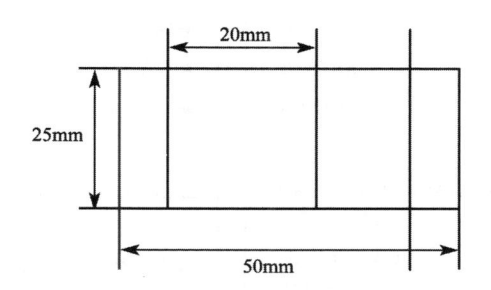

25mm × 50mm (20mm fold)

| PMS 212 | PMS 1575 | PMS 230 | PMS 283 | PMS 5773 |
| PARIS 8414 | PARIS 8368 | PARIS 8320 | PARIS 9410 | PARIS 8828 |

色卡样

TRIMS SPECIFICATION 细部说明

- Raw edge strips are to be stretched and sewn on to give "curl" effect as sample below. 具有粗糙边缘的贴边被拉直、缝制呈卷曲样，如以下样品所示。

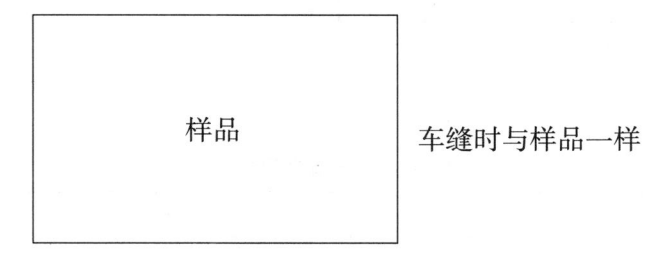

样品   车缝时与样品一样

CARE LABEL SPECIFICATION　　洗水标说明　　　　　　**STYLE : 4NWBTOG1**
NOT APPROVED : Please send as soon as possible for production approval
未获认可：请尽快发送以便生产认可。
Care Instruction : A2-3 洗涤说明 : A2-3
尺码范围：2 号 ~7 号 Size Range : 2-7 year

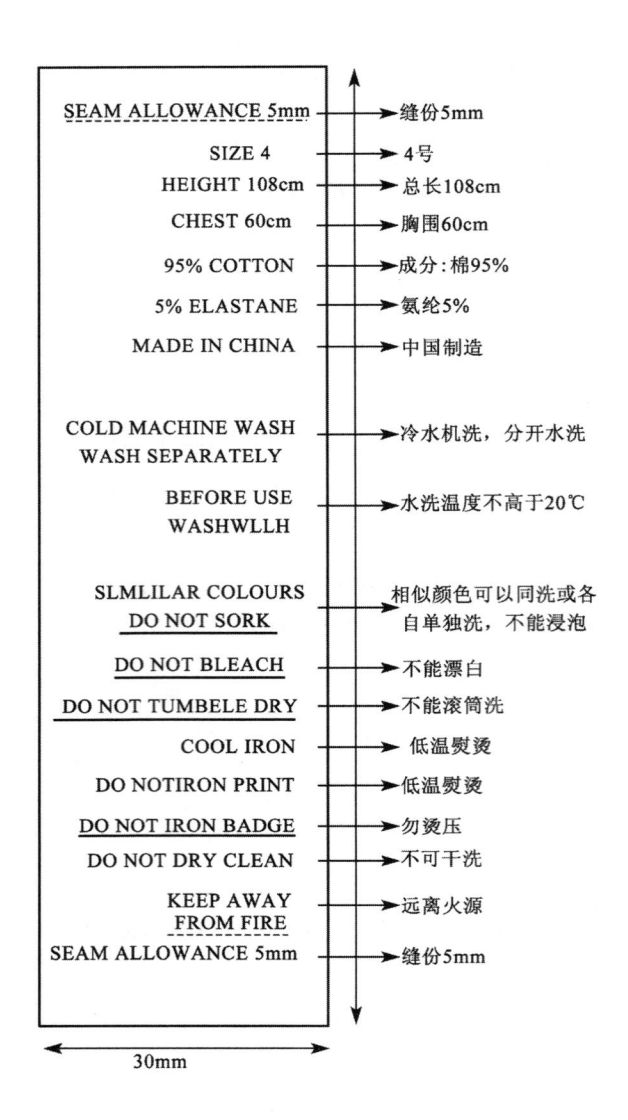

```
SEAM ALLOWANCE 5mm      → 缝份5mm
          SIZE 4        → 4号
     HEIGHT 108cm       → 总长108cm
       CHEST 60cm       → 胸围60cm
      95% COTTON        → 成分：棉95%
      5% ELASTANE       → 氨纶5%
     MADE IN CHINA      → 中国制造

   COLD MACHINE WASH    → 冷水机洗，分开水洗
    WASH SEPARATELY
       BEFORE USE       → 水洗温度不高于20℃
       WASHWLLH

   SLMLILAR COLOURS     → 相似颜色可以同洗或各
     DO NOT SORK           自单独洗，不能浸泡
     DO NOT BLEACH      → 不能漂白
   DO NOT TUMBELE DRY   → 不能滚筒洗
        COOL IRON       → 低温熨烫
     DO NOTIRON PRINT   → 低温熨烫
    DO NOT IRON BADGE   → 勿烫压
    DO NOT DRY CLEAN    → 不可干洗
       KEEP AWAY        → 远离火源
       FROM FIRE
   SEAM ALLOWANCE 5mm   → 缝份5mm
```

↔ 30mm

ACTUAL SIZE 成品尺寸 单位：cm

Size 码号	2	3	4	5	6	7
Height 身高	92	100	108	115	120	125
Chest 胸围	56	58	60	62	64	66

- Folded care label is 3.0cm（width）×4.0cm（height）not including seam bite. 洗水标的宽高不包括缝边。
- Care label to be a woven satin label. 洗水标为机织（绸缎）。
- Care label to be loop label. 洗水标是 loop 标。
- Font to be upper case Arial Narrow printed on label. 印花字、图印在商标的正面。
- Label must be permanently fixed to withstand the treatment indicated on the Care instuction label. 洗水标的质量要求永久达到其字面所规定的要求。

TECHNICAL DRAWING 款式图

STYLE : 4NWBTOG1

款式图

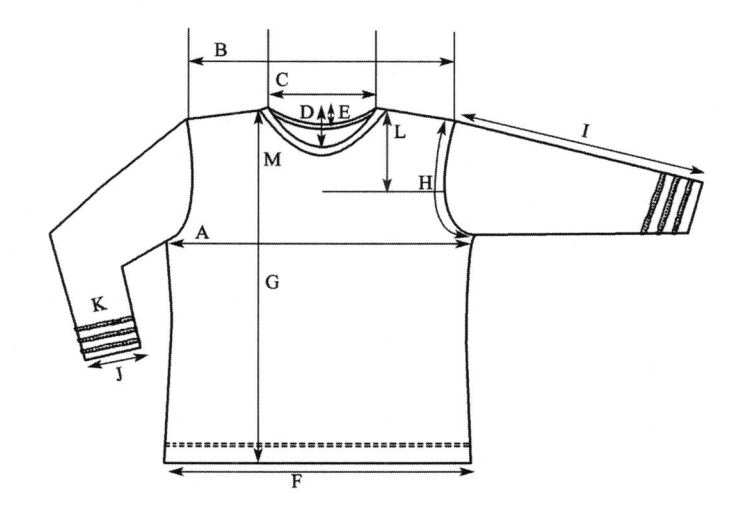

FAB & ACC CONSUMPTION
面辅料表

货号 Send No. : _____

POLYMAX

订单号 Order No. : 11/ST 393-BB

品名 Description : 女孩细褶上衣

款号 A.t. No.: 4NWBTOGL

名称 Name	材料 Material	尺码 Size	用量 Consumption	备注 Remarks
面料 Fabric	氨纶汗布	4#/5#	35cm/件	有效门幅 160cm
	氨纶汗布（同上,缏边）	平均	15cm/件	有效门幅 160cm
	镶色氨纶布（袖饰边）	平均	13cm/件	有效门幅 160cm
	牵带	平均	34cm/件	—
里料 Lining				
衬料	绣花贴衬	平均	22cm/件	有效门幅 150cm
辅料	配大身色涤纶线	平均	46cm/件	—
	配大身色尼龙线	平均	43cm/件	

Note Consumption is calculated per garment, excluding wastage.

说明　所有用料以件计算，并没有包括损耗。

样品制作主管 Sample supervisor　　　　日期 Date :

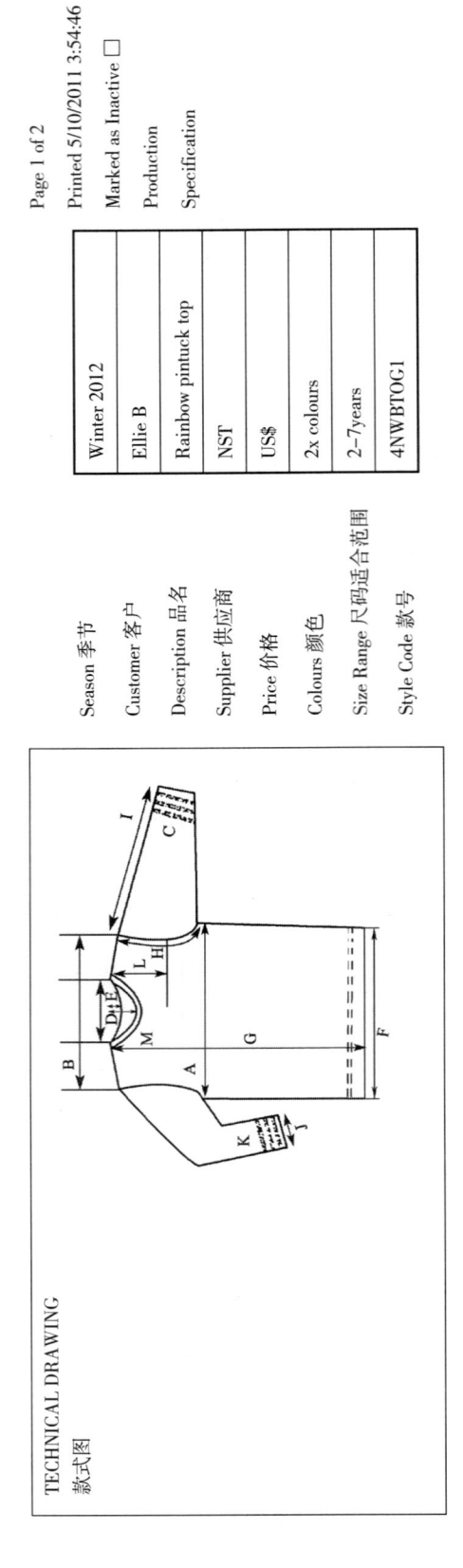

PRODUCTION SPECIFICATION 款式规格表

Date: 5/10/2011　Work in Progress Reference No.: EBW610GL

TECHNICAL DRAWING 款式图

Season 季节	Winter 2012
Customer 客户	Ellie B
Description 品名	Rainbow pintuck top
Supplier 供应商	NST
Price 价格	US$
Colours 颜色	2x colours
Size Range 尺码适合范围	2–7years
Style Code 款号	4NWBTOG1

Page 1 of 2
Printed 5/10/2011 3:54:46
Marked as Inactive ☐
Production Specification

单位：cm

MEASUREMENT IN CM	尺寸位置	码号	2	3	4	5	6	7	+/-
Minimum Head Opening	最小头围	A	54.0	56.0	56.0	56.0	56.0	56.0	0.0
Chest	胸宽	A	28.0	29.5	31.0	32.5	34.0	35.5	1.0
Shoulder Breadth	肩宽	B	25.0	26.0	27.0	28.0	29.0	30.0	1.0
Neck Width	领大	C	13.5	14.0	14.5	15.0	15.5	16.0	0.5
Front Neck Drop	前领深	D	5.0	5.5	6.0	6.5	7.0	7.5	0.5
Back Neck Drop	后领深	E	2.0	2.0	2.0	2.5	2.5	2.5	0.5
Hem	下摆宽	F	28.0	29.5	31.0	32.5	34.0	35.5	1.0
Length from Shoulder Point	衣长	G	35.0	37.0	39.0	41.0	43.0	45.0	1.0
Armhole	袖隆	H	13.0	13.75	14.5	15.25	16.0	16.75	1.0
Sleeve Length	袖长	I	31.5	33.5	35.5	37.5	39.5	41.5	1.0
Sleeve Opening	袖口宽	J	6.0	6.5	7.0	7.5	8.0	8.5	0.5
Cuff Detail Depth	贴边间距	K	1.5	1.5	1.5	1.5	1.5	1.5	0.5
Distance to Detail	颈肩点至横褶垂直距离	L	10.0	10.5	11.0	11.5	12.0	12.5	0.5
Binding Width	绲边宽	M	1.0	1.0	1.0	1.0	1.0	1.0	0.5

CONTENT 成分	
Fabric 织物	Jersey 乔赛（汗布）
Fibre 纤维	95% Cotton 5% Elastane
Weight 克重	210gsm

LABELLING 标志	
Care Instruction 标说明	A2-3
Back Neck Label 后领标	Code:GBNL2 Size:15mm × 45mm 规格
Back Neck Label 后领标	Positioned at CB Neck 位于后领中间

MAKEUP	款式特点
Thre are 2 sizes of embroidery–1 for sizes 2/3/4 and 2 for sizes 5/6/7	有两个型号的刺绣，分别用于码号为 2/3/4 和 5/6/7 的衣服
All needles are to be changed regularly, no garments to have needle damage or large holes form blunt needles	所有针头需按规定更换，以免钝针损坏衣服或引起大洞
All stitching is to be DTM	所有缝纫线需需配色
Embroidery back is to be fused with a knit interfacing to cover loose threads and rough edges	绣花反面需粘针织衬以覆盖松散线迹和粗糙边缘
LHS chest has 3mm pintuck detail from CF to armhole–pintuck is on outside of garment and must be a straigh line	在衣服外的前胸，从前中向袖笼打–0.3cm 宽的横褶，褶须顺直
Minimum Head Opening must meet specification	领圈必须达到最小头围尺寸
Neck binding is to be in self fabric applied with single needle chainstitch	领圈用原身布，并用单针锁边
Self fabric strips to be pulled to curl the stips before application. They are 1.2cm width and have raw edges	原身面料的贴边在定位前需拉卷，贴边为 1.2cm 宽并有毛边
Self fabric stric:to be positioned 1 cm from twin needle stitching and then 1.5cm spacing between strips	贴边距袖口双针压线 1cm，贴边之间间距 1.5cm
Shoulder seams are to be taped with pre–shrunk cotton tape	肩缝内需装预缩棉牵带

TESTS 测试	
Colourfastness 色牢度	